Langenscheidt

Italienisch
im Handgepäck

100 Wörter lernen – 500 Sätze sprechen

Langenscheidt

Berlin · München · Wien · Zürich · New York

Herausgegeben von der Langenscheidt-Redaktion
Autorin: Alexandra Desbalmes

© 2010 by Langenscheidt KG, Berlin und München
Satz: Franzis print & media GmbH, München
Printed in Germany
ISBN 978-3-468-22603-8
www.langenscheidt.de

Inhalt

Benutzerhinweise

- Dieser Sprachführer macht es Ihnen so leicht wie möglich, sich in Italien zu verständigen: Sie lernen nur 100 Wörter, mit denen Sie über 500 Sätze sprechen und somit alle relevanten Reisesituationen meistern können! Um den größtmöglichen Nutzen aus diesem Buch zu ziehen, gehen Sie bitte wie folgt vor:

- Lernen Sie zunächst die 100 Wörter im nachfolgenden Hundertwortschatz. Diese wurden nicht alphabetisch geordnet, sondern in sinnhafte Gruppen gegliedert, um Ihnen das Einprägen zusätzlich zu erleichtern. Bei den Zeitwörtern finden Sie nur die Formen, die Sie später tatsächlich benötigen. Alle Formen eines Zeitworts sind in einem Eintrag zusammengefasst.

- Sie müssen nur 100 Wörter lernen, aber Ihr Grundwortschatz ist eigentlich schon viel breiter, denn aus den Einzelwörtern kann man Zusammensetzungen bilden. Die wichtigsten dieser Wortkombinationen finden Sie bereits im Hundertwortschatz, weitere werden später in den Kapiteln in einem Sprachtipp oder einer Fußnote erklärt und sind auch im Wörterbuch am Ende dieses Buches zu finden.

- Sowohl im Hundertwortschatz als auch in den einzelnen Kapiteln gibt es gelb eingerahmte Sprachtipps, die Ihnen die wichtigsten Regeln und sprachlichen Besonderheiten des Italienischen anhand von Beispielen erläutern.

- Darüber hinaus informieren Sie die grün umrahmten Landestipps über bestimmte Gepflogenheiten in Italien, die für den deutschsprachigen Besucher zunächst neu und ungewohnt sein könnten.

- In den einzelnen Kapiteln finden Sie – nach Themen geordnet – die wichtigsten Sätze und Ausdrücke, die Sie in der jeweiligen Situation sprechen oder auch verstehen möchten. Dabei handelt es sich bewusst um Sätze aus dem tatsächlich gesprochenen Alltagsitalienisch.
  An einigen Stellen wurden die Sätze durch Bilder ergänzt; das jeweilige italienische Wort zum Bild ist jedoch direkt darunter angegeben und kann als weitere Alternative in den Satz (an der Stelle „…") eingesetzt werden.

- Das Wörterbuch ganz am Ende dieses Buches bietet Ihnen die Möglichkeit des alphabetischen Nachschlagens aller italienischen Begriffe. Im Wörterbuch finden Sie alle Wörter aus dem Hundertwortschatz, alle Bild-Wörter sowie alle festen Wendungen aus den Kapiteln.

- Für die Angabe des Geschlechts bei Hauptwörtern, Geschlechtswörtern und Fürwörtern wurde das Zeichen ♂ für männlich und ♀ für weiblich verwendet; auch wenn ein Satz nur von einem Mann oder nur von einer Frau gesprochen werden kann, ist er durch das Zeichen ♂ für männlich oder ♀ für weiblich gekennzeichnet.
  Im Hundertwortschatz ist bei regelmäßig gebildeten Eigenschaftswörtern, Fürwörtern und Mittelwörtern von vielen grammatischen Formen nur die männliche Grundform aufgeführt, die zur besseren Übersichtlichkeit allerdings nicht explizit als männlich gekennzeichnet wurde.

- In allen drei Teilen dieses Buches (Hundertwortschatz, Satzmuster zu den Reisesituationen, Wörterbuch) steht bei jedem italienischen Wort die vereinfachte Lautschrift, sodass Ihnen die Aussprache keine Mühe bereitet. Bei dieser Lautschrift wurde vom Deutschen ausgegangen, d. h. bis auf wenige Ausnahmen werden alle Buchstaben so ausgesprochen, wie Sie es vom Deutschen gewohnt sind.

Bitte beachten Sie aber die folgenden Besonderheiten bzw. Sonderzeichen:

dsch   *d* gefolgt von einem weichen *sch* (wie in *Garage*)

s   wird stimmhaft gesprochen, wie das *s* in *Sonne*

ß   wird stimmlos gesprochen, wie das *s* in *Hast*

Bitte beachten Sie außerdem:

Doppelkonsonanten werden im Italienischen auch doppelt gesprochen, so z. B. *troppo*, gesprochen 'troppo.

Das Zeichen ' schließlich bedeutet, dass die nachfolgende Silbe betont ausgesprochen werden soll.

Hundertwortschatz

1	**sì** ßi	ja
2	**no** no	nein
3	**e** e	und
4	**non** non	nicht

> **Sprachtipp**
>
> Die wichtigste Verneinung im Italienischen ist *non. Non* ent-
> spricht dem deutschen „nicht" und steht immer vor dem
> gebeugten Zeitwort.

5	**il** il	der
	lo lo	der; ihn, es [Fürwort]
	i ♂ i	die [Mehrzahl]

> **Sprachtipp**
>
> Beginnt ein männliches Hauptwort mit *gn, ps, x, z* oder
> *s + Mitlaut*, wird das bestimmte Geschlechtswort *il* zu *lo.*

6	**la** la	die; sie [Fürwort, Einzahl]
	La la	Sie [Fürwort, Einzahl]
	le ♀ le	die [Mehrzahl]; ihr; ihnen; Ihnen [Fürwort, Einzahl]

9

7	**un** un	ein
	una ˈuna	eine
	l'una ♀ ˈluna	ein Uhr

8	**mi** mi	mir/mich
	me mä	mir/mich [betont]
9	**ti** ti	dir/dich
	te tä	dir/dich [betont]
10	**tuo** ˈtuo	dein
11	**si** ßi	sich; man
12	**suo** ˈßuo	sein; ihr; Ihr
13	**noi** ˈnoi	wir; uns [betont]
14	**voi** ˈwoi	ihr; euch [betont]
15	**vi** wi	euch

16 **vostro** ˈwoßtro   euer

17 **ci** tschi   uns; sich; dort; dorthin

Sprachtipp

Besitzanzeigende Fürwörter passen sich immer an das Geschlecht des Hauptwortes an, auf das sie sich beziehen: *la tua camera* (dein Zimmer), *il tuo regalo* (dein Geschenk), *i vostri biglietti* (eure Tickets), *le vostre camere* (eure Zimmer). Im Normalfall ändert sich nur der letzte Buchstabe des Fürworts, so heißt es *vostro* ♂ und *vostra* ♀ in der Einzahl, *vostri* ♂ und *vostre* ♀ in der Mehrzahl.

Wie an den Beispielen zu sehen ist, muss im Italienischen – anders als im Deutschen – vor dem besitzanzeigenden Fürwort auch noch das Geschlechtswort stehen.

---

18 **Ciao!** ˈtschau   Hallo./Tschüs.

19 **Buongiorno.**   Guten Tag/Morgen.
   buonˈdschorno

20 **Arrivederci.**   Auf Wiedersehen.
   arriweˈdertschi

21 **Scusi.** ˈßkusi   Entschuldigen Sie./
    Es tut mir leid.

   Scusa. ˈßkusa   Entschuldige.
   Scusate. ßkuˈsate   Entschuldigt.
   Scusi? ˈßkusi   Wie bitte?

22 **grazie** ˈgrazie   danke

23	**cosa** ˈkosa	was
	la cosa la ˈkosa	Sache, Ding
24	**come** ˈkome	wie
25	**quando** kuˈando	wann; wenn
26	**quanto** kuˈanto	wie viel
27	**quale** kuˈale	welcher, welche
	quali kuˈali	welche [Mehrzahl]
	qualcuno kualˈkuno	(irgend)jemand
	qualcosa kualˈkosa	(irgend)etwas
28	**dove** ˈdowe	wo; wohin

Sprachtipp

Das Wort *dove* ist z. B. im Ausdruck *dov'è* (wo ist) zu finden. Zur Erleichterung der Aussprache verschwindet hier das *e* von *dove*. Beispiel: *Dov'è il regalo?* (Wo ist das Geschenk?). Fragt man nach mehreren Dingen oder Personen, heißt es: *Dove sono i biglietti?* (Wo sind die Tickets?).
Ebenso verhält es sich mit den Wörtern *come* (*com'è* = wie ist), *cosa* (*cos'è* = was ist) und *quale* (*qual'è* = welcher/welche/welches ist).

29	**che** ke	dass; was für ein/eine/eines; wie; was, der/die/das [rückbezüglich]; als
30	**qui** kuˈi	hier
31	**questo** kuˈeßto	dieser

12

32	**quello** ku'ello	jener
33	**tutto** 'tutto	alles; ganz
34	**due** 'due	zwei
35	**più** pju	mehr; mehrere
36	**molto** 'molto	viel; sehr
37	**tanto** 'tanto	so viel; so sehr
38	**troppo** 'troppo	zu viel; zu
39	**niente** 'njente	nichts
40	**altro** 'altro	anderer; weiterer

Sprachtipp

Die weibliche Form und die Mehrzahl von *quanto* (wie viel), *questo* (dieser), *tutto* (ganz), *molto* (viel), *tanto* (so viel), *troppo* (zu viel) und *altro* (anderer) werden ebenso wie die von den meisten italienischen Eigenschaftswörtern folgendermaßen gebildet: Ersetzt man das *-o* am Ende des männlichen Wortes durch ein *-a*, so erhält man die weibliche Form (z. B. *questa* ♀ = „diese"). Ersetzt man es durch ein *-i*, erhält man die Mehrzahl der männlichen Form (z. B. *questi* ♂ = „diese"). Ersetzt man es durch ein *-e*, erhält man die Mehrzahl der weiblichen Form (z. B. *queste* ♀ = diese).

41	**ieri** 'jeri	gestern
42	**oggi** 'oddschi	heute
43	**domani** do'mani	morgen
44	**ora** 'ora **l'ora** ♀ 'lora	jetzt, nun Stunde; (Uhr-)Zeit

45	**subito** ˈßubito	sofort
46	**ancora** anˈkora	noch
47	**tardi** ˈtardi	spät
48	**a** a	nach, zu; bis; um; an
	alle ˈalle	um [bei der Uhrzeit]
49	**con** kon	mit
50	**per** per	für; nach; um zu
51	**in** in	in; auf; an
52	**di** di	von; aus; für; als
53	**da** da	zu; von; seit; aus
54	**ma** ma	aber; sondern
55	**la mattina** la matˈtina	Morgen; Vormittag
56	**il giorno** il ˈdschorno	Tag
57	**la sera** la ˈßera	Abend
	stasera ßtaˈßera	heute Abend
58	**la notte** la ˈnotte	Nacht
59	**il tempo** il ˈtempo	Zeit; Wetter
60	**il nome** il ˈnome	Name
61	**la camera** la ˈkamera	Zimmer
62	**il letto** il ˈlätto	Bett
	il lettino il letˈtino	Kinderbett

63	**il pasto** il ˈpaßto	Mahlzeit
64	**il biglietto** il biˈljätto	Fahrkarte; Eintrittskarte; Ticket
65	**la taglia** la ˈtalja	Kleidergröße
66	**il regalo** il reˈgalo	Geschenk
67	**Germania** dscherˈmanja	Deutschland*

Sprachtipp

Die meisten Wörter auf -*o* sind männlich, die meisten Wörter auf -*a* weiblich. Wörter auf -*e* können entweder männlich oder weiblich sein.

Zur Bildung der Mehrzahl wird bei männlichen Hauptwörtern das *o* oder *e* am Ende durch ein *i* ersetzt (*biglietto – biglietti, nome – nomi*). Bei weiblichen wird das *a* durch ein *e* bzw. das *e* durch ein *i* ersetzt (*camera – camere, notte – notti*).

68	**bene** ˈbene	gut [Umstandswort]
	meglio ˈmeljo	besser
69	**male** ˈmale	schlecht [Umstandswort]

---

* Lernen Sie hier bitte nur Ihr jeweiliges Herkunftsland:

Austria ˈaußtria	Österreich
Svizzera ˈswitzera	Schweiz

70	**buon(o)** bu'ono	gut
71	**bel(lo)** 'bällo	schön, hübsch
	bellissimo bel'lißßimo	wunderschön

Sprachtipp

Stehen die Eigenschaftswörter *buono* (gut) und *bello* (schön) <u>vor</u> einem männlichen Hauptwort, werden sie in der Regel zu *buon* und *bel* verkürzt.

72	**brutto** 'brutto	scheußlich
73	**grande** 'grande	groß
74	**piccolo** 'pikkolo	klein
75	**pronto** 'pronto	fertig, bereit
76	**vicino** wi'tschino	nah, in der Nähe
77	**caro** 'karo	teuer; lieb
78	**rotto** 'rotto	kaputt; gebrochen

Sprachtipp

Eigenschaftswörter werden im Italienischen an das Geschlecht des zugehörigen Hauptwortes angepasst: *il regalo piccolo* (das kleine Geschenk) oder *la camera piccola* (das kleine Zimmer).
Zur Steigerung von Eigenschaftswörtern benutzt man das Wörtchen *più*, z. B. *caro* (teuer), *più caro* (teurer), *il più caro* (am teuersten).

16

79 **essere** ᴵäßßere	sein
sono ᴵßono	ich bin; sie sind
sei ᴵßäi	du bist
è ä	er/sie/es ist; Sie sind [Einzahl]
siamo ᴵßjamo	wir sind
esserci ᴵäßßertschi	geben, da sein
c'è/ci sono tschä/tschi ᴵßono	es gibt; da ist/sind

Sprachtipp

C'è verwendet man bei einem Begriff in der Einzahl, wie z. B. bei *Non c'è questa taglia* (Diese Größe gibt es nicht). Folgt jedoch ein Begriff in der Mehrzahl, sagt man: *Ci sono due letti* (Es gibt zwei Betten).

80 **avere** aᴵwere	haben
ho o	ich habe
hai ᴵai	du hast
ha a	er/sie/es hat; Sie haben [Einzahl]
abbiamo abᴵbjamo	wir haben
avete aᴵwete	ihr habt; Sie haben [Mehrzahl]
hanno ᴵanno	sie haben

Sprachtipp

Mit den beiden Hilfszeitwörtern *avere* (haben) und *essere* (sein) wird die zusammengesetzte Vergangenheitsform gebildet. Eine genauere Beschreibung finden Sie in Kapitel 1 und 2.

81 **avere bisogno di**   brauchen, benötigen
awere bi'sonjo di
    ho bisogno di   ich brauche
    o bi'sonjo di
    abbiamo bisogno di   wir brauchen
    ab'bjamo bi'sonjo di

82 **volere** wo'lere   wollen
    voglio 'woljo   ich will
    vuoi wu'oi   du willst
    vuole wu'ole   er/sie/es will; Sie wollen [Einzahl]

    vogliamo wol'jamo   wir wollen
    volete wo'lete   ihr wollt; Sie wollen [Mehrzahl]

    vorrei wor'räi   ich würde/hätte gern
    vorresti wor'rässti   du würdest/hättest gern
    vorremmo wor'rämmo   wir würden/hätten gern

83 **potere** po'tere   können; dürfen
    posso 'poßßo   ich kann
    può pu'o   er/sie/es kann; Sie können [Einzahl]

    possiamo poß'ßjamo   wir können
    potrebbe po'träbbe   er/sie/es könnte; Sie könnten [Einzahl]

    potuto po'tuto   gekonnt; gedurft

84 **stare** 'ßtare   stehen; sein
    sto ßto   ich stehe/bin
    stai 'ßtai   du stehst/bist
    sta ßta   er/sie/es steht/ist; Sie stehen/sind [Einzahl]

    stiamo 'ßtjamo   wir stehen/sind
    state 'ßtate   ihr steht/seid; Sie stehen/sind [Mehrzahl]

    stato 'ßtato   gewesen

85 **fare** ˈfare — tun, machen
    faccio ˈfattscho — ich mache
    fa fa — er/sie/es macht; Sie machen [Einzahl]
    facciamo faˈtschamo — wir machen
    fate ˈfate — ihr macht; Sie machen [Mehrzahl]
    fanno ˈfanno — sie machen
    fatto ˈfatto — gemacht

86 **piacere** pjaˈtschere — gefallen
    piace ˈpjatsche — er/sie/es gefällt; Sie gefallen [Einzahl]
    il piacere il pjaˈtschere — Gefallen
    per piacere — bitte
    per pjaˈtschere

87 **andare** anˈdare — gehen
    andarci anˈdartschi — hingehen
    vado ˈwado — ich gehe
    vai ˈwai — du gehst
    va wa — er/sie/es geht; Sie gehen [Einzahl]
    andiamo anˈdjamo — wir gehen
    andate anˈdate — ihr geht; Sie gehen [Mehrzahl]
    vanno ˈwanno — sie gehen

88 **capire** kaˈpire — verstehen
    capisco kaˈpißko — ich verstehe
    capisci kaˈpıschi — du verstehst
    capisce kaˈpische — er/sie/es versteht; Sie verstehen [Einzahl]
    capito kaˈpito — verstanden

89	**vedere** we'dere	sehen
	vedi 'wedi	du siehst
	vede 'wede	er/sie/es sieht;
		Sie sehen [Einzahl]
	vediamo we'djamo	wir sehen
	visto 'wißto	gesehen

90	**prendere** 'prendere	nehmen
	prendo 'prendo	ich nehme
	prende 'prende	er/sie/es nimmt;
		Sie nehmen [Einzahl]
	prendiamo pren'djamo	wir nehmen
	preso 'preso	genommen

91	**dire** 'dire	sagen
	dico 'diko	ich sage
	dice 'ditsche	er/sie/es sagt; Sie sagen
		[Einzahl]
	detto 'dätto	gesagt

92	**costare** koß'tare	kosten
	costa 'koßta	er/sie/es kostet
	costano 'koßtano	sie kosten

93	**pagare** pa'gare	(be)zahlen
	pago 'pago	ich (be)zahle
	pagato pa'gato	bezahlt, gezahlt

94	**aiutare** aju'tare	helfen
	aiuti a'juti	du hilfst
	aiuta a'juta	er/sie/es hilft; Sie helfen
		[Einzahl]
	aiutate aju'tate	ihr helft; Sie helfen
		[Mehrzahl]
	aiutato aju'tato	geholfen
	l'aiuto ♂ la'juto	Hilfe

20

95 **chiamare** kjaˈmare | (an)rufen
chiamo ˈkjamo | ich rufe (an)
chiami ˈkjami | du rufst (an);
| Rufen Sie (an)!
chiama ˈkjama | er/sie/es ruft (an);
| Sie rufen (an) [Einzahl]
chiamate kjaˈmate | ihr ruft (an); Sie rufen an
| [Mehrzahl]; Ruft (an)!
chiamato kjaˈmato | (an)gerufen
chiamarsi kjaˈmarßi | heißen
mi chiamo mi ˈkjamo | ich heiße
ti chiami ti ˈkjami | du heißt
si chiama ßi ˈkjama | er/sie/es heißt; Sie
| heißen [Einzahl]
vi chiamate | ihr heißt; Sie heißen
wi kjaˈmate | [Mehrzahl]

96 **aprire** aˈprire | öffnen
apre ˈapre | er/sie/es öffnet; Sie
| öffnen [Einzahl]
aprite aˈprite | ihr öffnet; Sie öffnen
| [Mehrzahl]
aperto aˈpärto | offen, geöffnet

97 **mangiare** manˈdschare | essen
mangio ˈmandscho | ich esse
mangi ˈmandschi | du isst
mangia ˈmandscha | er/sie/es isst; Sie essen
| [Einzahl]
mangiato manˈdschato | gegessen

98 **bere** ˈbere | trinken
bevo ˈbewo | ich trinke
bevuto beˈwuto | getrunken

99	**perdere** ˈpärdere	verlieren
	perdersi ˈpärderßi	sich verirren, verlaufen
	perso ˈpärßo	verloren; verirrt
100	**trovare** troˈware	finden
	trovo ˈtrowo	ich finde
	trova ˈtrowa	er/sie/es findet;
		Sie finden [Einzahl]
	troviamo troˈwjamo	wir finden
	trovarsi troˈwarßi	sich befinden
	si trova ßi ˈtrowa	er/sie/es befindet sich

Sprachtipp

Um die meisten Zeitwörter, die auf *-are* enden, in der Gegenwart zu beugen, ersetzt man die *are*-Endung durch *-o, -i, -a, -iamo, -ate, -ano* für die jeweiligen Personen, z. B. *trovo* (ich finde), *trovi* (du findest), *trova* (er/sie/es findet; Sie finden), *troviamo* (wir finden), *trovate* (ihr findet), *trovano* (sie finden).

Zeitwörter auf *-ere* erhalten in der Gegenwart in der Regel die Endungen *-o, -i, -e, -iamo, -ete, -ono*, z. B. *perdo* (ich verliere), *perdi* (du verlierst), *perde* (er/sie/es verliert; Sie verlieren), *perdiamo* (wir verlieren), *perdete* (ihr verliert), *perdono* (sie verlieren).

Zeitwörter auf *-ire* sind sehr oft unregelmäßig.

Von Mensch zu Mensch

Jemanden begrüßen

Die folgende Begrüßung passt zu jeder Tages- und Nachtzeit – allerdings nur, wenn Sie Ihr Gegenüber gut kennen und duzen:

Ciao! ˈtschau   Hi!/Hallo!

Etwas höflicher können Sie zur Begrüßung auch sagen:

Buongiorno. buonˈdschorno   Guten Morgen/Tag.

Buona sera. buona ˈßera   Guten Abend.

Landestipp

In Italien duzen sich junge Erwachsene etwa gleichen Alters weitaus häufiger als in Deutschland. In dem Fall ist das italienische *ciao* zu verwenden, aber nicht nur zur Verabschiedung, sondern auch zur Begrüßung.

Wenn man jemanden nicht kennt und auf Nummer sicher gehen will, sagt man tagsüber *buongiorno* und abends *buona sera*. Zur höflichen Verabschiedung ist ein *arrivederci* immer passend.

Das in Deutschland so beliebte Händeschütteln ist auch in Italien üblich. Verwandte und Freunde begrüßt man normalerweise zusätzlich mit zwei Küsschen auf die Wange, bei jungen Leuten sind drei Küsschen üblich.

Und wenn Sie sich besonders über die Begegnung freuen:

Che bello vederti!   Wie schön dich zu sehen!
ke ˈbàllo weˈderti

Che bello vedervi!   Wie schön euch zu sehen!
ke ˈbàllo weˈderwi

Che bello vederLa!   Wie schön Sie zu sehen!
ke ˈbàllo weˈderla

Sprachtipp

„Sich sehen" heißt im Italienischen *vedersi*. Die Form ist zusammengesetzt aus dem Zeitwort *vedere* (sehen) und dem Fürwort *si* (sich). Um die Aussprache zu erleichtern, fällt das letzte *e* des Zeitwortes dabei weg. Auf die gleiche Art und Weise werden z. B. folgende Zeitwörter gebildet: *capirsi* (sich verstehen), *aiutarsi* (sich helfen), *aprirsi* (sich öffnen). Je nach Anwendung wird das *si* (sich) dann durch das passende Fürwort ersetzt: *vedermi* (mich sehen), *vederti* (dich sehen), *vederlo* (ihn sehen), *vederla* (sie sehen), *vederLa* (Sie sehen), *vederci* (uns sehen), *vedervi* (euch sehen).

Sich verabschieden

Verabschieden können Sie sich entweder etwas förmlicher:

Arrivederci. arriweˈdertschi   Auf Wiedersehen.

ArrivederLa. arriweˈderla   Auf Wiedersehen.

Buona notte. buona ˈnotte   Gute Nacht.

… oder auch etwas informeller:

Ciao! ˡtschau	Tschüs./Ciao.
Ci si vede!* tschi ßi ˡwede	Man sieht sich!
Ci vediamo. tschi weˡdjamo	Wir sehen uns.

… und, wenn Sie möchten, auch bis zum Zeitpunkt Ihres Wiedersehens:

A più tardi! a pju ˡtardi	Bis später!
Ciao, a più tardi! ˡtschau a pju ˡtardi	Tschüs, bis später!
A stasera! a ßtaˡßera	Bis heute Abend!
A domani! a doˡmani	Bis morgen!
A domani mattina! a domani matˡtina	Bis morgen früh!
A domani sera! a domani ˡßera	Bis morgen Abend!

---

* Achtung feste Wendung:
  ci si vede tschi ßi ˡwede   man sieht sich

Ci vediamo stasera.
tschi wedjamo ßta'ßera

Wir sehen uns heute Abend.

Ci vediamo domani.
tschi wedjamo do'mani

Wir sehen uns morgen.

Ci vediamo domani mattina.
tschi wedjamo domani mat'tina

Wir sehen uns morgen früh.

Ci vediamo domani sera.
tschi wedjamo domani 'ßera

Wir sehen uns morgen Abend.

Ci vediamo all'una.
tschi wedjamo al'luna

Wir sehen uns um eins.

Sprachtipp

Steht das Wörtchen *a* (nach, zu; bis; um; an) vor einem Geschlechtswort, verschmilzt es mit diesem. So wird zum Beispiel aus *a+il* die Form *al* (*al giorno* – „am Tag"), *a+l'* wird zu *all'* (*l'una* – *all'una*) und *a+le* zu *alle* (*le due* – *alle due*).

Ci vediamo alle due.
tschi wedjamo alle 'due

Wir sehen uns um zwei.

Ci vediamo domani all'una.
tschi wedjamo do'mani al'luna

Wir sehen uns morgen um eins.

Ci vediamo domani alle due.
tschi wedjamo do'mani alle 'due

Wir sehen uns morgen um zwei.

Ci vediamo alle … [Uhrzeit]
tschi wedjamo alle

Wir sehen uns um …!

Ci vediamo domani alle … [Uhrzeit] tschi wedjamo do'mani alle

Wir sehen uns morgen um …!

Ci vediamo alle … [Uhrzeit] di mattina.
tschi wedjamo alle … di mat'tina

Wir sehen uns um … Uhr morgens!

Ci vediamo alle … [Uhrzeit] di sera.
tschi wedjamo alle … di 'ßera

Wir sehen uns um … Uhr abends!

Mögliche Zahlen bzw. Uhrzeiten zum Einsetzen finden Sie auf der vorderen Innenseite des Einbands.

Sprachtipp

In Italien benutzt man in der gesprochenen Sprache in aller Regel nur die 12-Stunden-Uhr, sodass Sie, falls nötig, bei der Nennung der Uhrzeit noch die Tageszeit (*di mattina* bzw. *di sera*) angeben können, um Missverständnisse auszuschließen. Beispiel: *le otto di sera* (acht Uhr abends).

Zur Angabe der Uhrzeit auf Italienisch müssen Sie wissen: In der ersten Hälfte der Stunde ist der Bezugspunkt immer die Stunde, die es gerade geschlagen hat; alles, was nach „halb" kommt, wird hingegen sprachlich schon mit der folgenden Stunde in Verbindung gebracht. Außerdem benötigt man die Wörter *quarto* (Viertel), *mezza* (halb) und *meno* (weniger). So heißt 8:15 h *le otto e un quarto* (le 'otto e un ku'arto), 8:30 h heißt *le otto e mezza* (le 'otto e 'mäddsa) und 8:45 h heißt *le nove meno un quarto* (le 'nowe meno un ku'arto).

Die genauen Minuten können Sie mit einem *e* (und) einfach an die Stunde anhängen, so ist z. B. *le otto e venticinque* ('otto e wenti'tschinkue) 8:25 h oder 20:25 h. Die nötigen Zahlen finden Sie in der Zahlentabelle auf der vorderen Innenseite des Einbands.

Wenn Sie sich für einen bestimmten Tag verabredet haben, sagen Sie:

Ci vediamo … tschi wedjamo   Wir sehen uns am …!

Die Wochentage zum Einsetzen finden Sie auf der hinteren Innenseite des Einbands.

Außerdem können Sie natürlich auch noch den Ort Ihres Wiedersehens benennen:

Ci vediamo … tschi wedjamo   Wir sehen uns im/etc.

all'hotel
allo¹täl

al ristorante
al rißto¹rante

al bar
al ¹bar

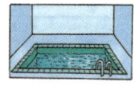
in piscina
in pi¹schina

in spiaggia
in ¹ßpjaddscha

al mercato
al mer¹kato

in discoteca
in dißko¹teka

allo stadio
allo ¹ßtadio

Zum Abschied gibt man dem anderen gerne noch einen guten Wunsch mit auf den Weg:

Tante belle cose!*   Alles Gute!
tante bälle ˈkose

Sich vorstellen

So können Sie sich oder andere Personen vorstellen:

Mi chiamo …   mi ˈkjamo   Ich heiße …

> ### Sprachtipp
> *Chiamarsi* [kjaˈmarßi], die rückbezügliche Form von *chiamare* (rufen; anrufen), bedeutet „heißen". In der gebeugten Form stehen die nötigen Fürwörter dann vor dem Zeitwort: *mi chiamo* (ich heiße), *ti chiami* (du heißt), *si chiama* (er/sie/es heißt; Sie heißen), *vi chiamate* (ihr heißt).

Sono …   ˈßono   Ich bin …

Siamo … [Ihr Name] e … [Name Ihrer Begleitung].   ˈßjamo … e   Wir sind … und …

Questo è … [Name der männlichen Person, die Sie vorstellen möchten]   kuˈeßto ä   Das ist …

---

* Achtung feste Wendung:
tante belle cose   tante bälle ˈkose   alles Gute

Questa è … [Name der weiblichen Person, die Sie vorstellen möchten] ku'eßta ä

Das ist …

Questi sono Paolo e Paola. ♂ ♀
ku'eßti ßono 'paulo e 'paula

Das sind Paolo und Paola.

Queste sono Anna e Maria. ♀ ♀
ku'eßte ßono 'anna e ma'ria

Das sind Anna und Maria.

Sprachtipp

Wenn von mehreren Leuten die Rede ist, richtet sich das Geschlecht des Fürworts oder des Eigenschaftsworts nach dem Geschlecht der Gruppe: Handelt es sich ausschließlich um männliche Mitglieder, sind die Endungen männlich (z.B. *questi*), handelt es sich ausschließlich um weibliche Mitglieder, sind die Endungen weiblich (z. B. *queste*). Ist die Gruppe gemischt, kommen die männlichen Endungen zur Anwendung, selbst wenn sich nur ein einziger Mann unter zwanzig Frauen befindet.

Wenn man Ihnen jemanden vorstellt, können Sie sagen:

Piacere.* pja'tschere

Sehr erfreut.

Piacere, sono … [Ihr Name].
pja'tschere ßono

Freut mich, ich bin …

---

* Achtung feste Wendung:
   Piacere. pja'tschere

Sehr erfreut.

Wenn Sie den Namen Ihres Gegenübers nicht verstanden haben, sagen Sie einfach:

Scusa, come ti chiami? ˈßkusa ˈkome ti ˈkjami	Entschuldigung, wie heißt du?
Scusi, come si chiama? ˈßkusi ˈkome ßi ˈkjama	Entschuldigung, wie heißen Sie?
Scusi, non ho capito il suo nome. ˈßkusi non o kaˈpito il ßuo ˈnome	Es tut mir leid, ich habe Ihren Namen nicht verstanden.
Scusa, non ho capito il tuo nome. ˈßkusa non o kaˈpito il tuo ˈnome	Es tut mir leid, ich habe deinen Namen nicht verstanden.

Sprachtipp

Mit den Formen des Hilfszeitworts *avere* (haben) und Wörtern wie *capito* (verstanden), *aiutato* (geholfen) und *pagato* (gezahlt) können Sie die Vergangenheit bilden. Beispiele: *ho capito* = ich habe verstanden, *hai aiutato* = du hast geholfen, *avete pagato* = ihr habt gezahlt

Wenn keine offizielle Vorstellung erfolgt ist, können Sie auch einfach selbst nach dem Namen Ihres Gegenubers fragen:

Come si chiama? kome ßi ˈkjama	Wie heißen Sie?
Come ti chiami? kome ti ˈkjami	Wie heißt du?
Come vi chiamate? kome wi kjaˈmate	Wie heißt ihr?

Qual'è il suo nome?
kua'lä il ßuo 'nome

Wie lautet Ihr Name?

Qual'è il tuo nome?
kua'lä il tuo 'nome

Wie lautet dein Name?

Sprachtipp

Das Wort *quale* ist z. B. im Ausdruck *qual'è* (welcher/welche/welches ist) zu finden. Zur Erleichterung der Aussprache verschwindet hier das *e* von *quale*. In der Mehrzahl bleibt das *i* von *quali* (welche) jedoch erhalten. Beispiel: *Quali sono i miei biglietti?* (Welches sind meine Tickets?).

Fremde (Vor-)Namen können für beide Seiten zunächst ein bisschen schwierig sein, auch wenn sie noch so schön klingen:

Che bel nome! ke bäl 'nome

Was für ein schöner Name!

È un nome molto bello!
ä un 'nome molto 'bällo

Das ist ein sehr schöner Name!

Mi piace questo nome!
mi 'pjatsche kueßto 'nome

Dieser Name gefällt mir!

Mi piace molto questo nome!
mi pjatsche 'molto kueßto 'nome

Dieser Name gefällt mir sehr gut!

Che nome è?
ke nome ä

Was für ein Name ist das denn?

Sich bedanken

Hier sind einige Möglichkeiten, sich ganz generell zu bedanken:

Grazie. ˈgrazie	Danke.
Grazie tanto! grazie ˈtanto	Vielen Dank!
Grazie di tutto! grazie di ˈtutto	Vielen Dank für alles!
Grazie per tutto questo. ˈgrazie per tutto kuˈeßto	Vielen Dank für das alles!

Sicherlich werden Sie nicht nur Dank aussprechen, sondern auch einmal selbst entgegennehmen. Dann können Sie erwidern:

Non c'è di che!* non ˈtschä di ˈke	Keine Ursache!
Di niente! di ˈnjente	Gern geschehen!
Grazie a voi! grazie aˈwoi	Ich habe (euch) zu danken!

Landestipp

Eine korrekte, aber nicht sonderlich höfliche Antwort auf *grazie* ist *prego*, was einfach „bitte" heißt. Angemessener ist *non c'è di che*, was so viel wie „keine Ursache" bedeutet. Sie können auch *Figurati!* sagen; damit drücken Sie aus, dass etwas selbstverständlich war. Es entspricht dem deutschen „Ich bitte dich!". Analog dazu gibt es auch die Sie-Form *Si figuri!* („Ich bitte Sie!").

---

* Achtung feste Wendung:
  non c'è di che non ˈtschä diˈke   keine Ursache

Und so können Sie den Menschen danken, die etwas für Sie getan haben:

Grazie per il tuo aiuto.
ˈgrazie per il tuo aˈjuto

Danke für deine Hilfe.

Grazie per il suo aiuto.
ˈgrazie per il ßuo aˈjuto

Danke für Ihre Hilfe.

Grazie per il vostro aiuto.
ˈgrazie per il woßtro aˈjuto

Danke für eure Hilfe.

Grazie che mi aiuti.
ˈgrazie ke mi aˈjuti

Danke, dass du mir hilfst.

Grazie che mi aiuta.
ˈgrazie ke mi aˈjuta

Danke, dass Sie mir helfen.

Grazie che mi aiutate.
ˈgrazie ke mi ajuˈtate

Danke, dass ihr mir helft.

Grazie per avere aiutato.
ˈgrazie per awere ajuˈtato

Danke, dass Sie geholfen haben.

Grazie per avere pagato.
ˈgrazie per awere paˈgato

Danke fürs Zahlen.

Grazie che hai pagato per me.
ˈgrazie ke ai paˈgato per mä

Danke, dass du für mich gezahlt hast.

Grazie che hai pagato per noi.
ˈgrazie ke ai paˈgato per ˈnoi

Danke, dass du für uns gezahlt hast.

Grazie che avete pagato per noi.
ˈgrazie ke awete paˈgato per ˈnoi

Danke, dass ihr für uns gezahlt habt.

Grazie per essere qui con noi.
ˈgrazie per äßßere kuˈi kon ˈnoi

Danke, dass Sie bei uns sind.

Grazie che sei qui con me.
ˈgrazie ke ßäi kuˈi kon mä

Danke, dass du bei mir bist.

Grazie che è qui con me. ¹grazie ke ä ku¹i kon mä	Danke, dass Sie bei mir sind.
Grazie per avermi fatto questo piacere. ¹grazie per awermi ¹fatto kueßto pja¹tschere	Danke, dass Sie mir diesen Gefallen getan haben.
Grazie per averci fatto questo piacere. ¹grazie per awertschi ¹fatto kueßto pja¹tschere	Danke, dass Sie uns diesen Gefallen getan haben.

Sprachtipp

Tritt ein Fürwort wie *mi, ti, si, vi, ci* oder auch *lo, la, le* in Zusammenhang mit einem Zeitwort <u>in der Grundform</u> auf, wird das Fürwort hinten an das Zeitwort angehängt, wobei das letzte *e* des Zeitworts wegfällt.
lo capisco = ich verstehe ihn, aber *capirlo* = ihn verstehen
ti aiuto = ich helfe dir, aber *aiutarti* = dir helfen

Natürlich können Sie sich auch für konkrete Dinge bedanken:

Grazie per questo bel regalo! ¹grazie per kueßto bäl re¹galo	Danke für dieses schöne Geschenk.
Grazie tanto per questo bel regalo! grazie ¹tanto per kueßto bäl re¹galo	Vielen Dank für dieses schöne Geschenk.
Grazie per questa bella camera. ¹grazie per kueßta ¹bälla ¹kamera	Danke für dieses schöne Zimmer.
Grazie tanto per questa camera. grazie ¹tanto per kueßta ¹kamera	Vielen Dank für dieses Zimmer.

Von Mensch zu Mensch

Grazie per questo pasto.
ˈgrazie per kueßto ˈpaßto

Danke für diese Mahlzeit.

Grazie tanto per questo pasto.
grazie ˈtanto per kueßto ˈpaßto

Vielen Dank für diese Mahlzeit.

Grazie per questo buon …
ˈgrazie per kueßto buon

Danke für den guten …

caffè
kafˈfä

vino
ˈwino

tè
tä

aperitivo
aperiˈtiwo

Grazie per questa buona …
ˈgrazie per kueßta buona

Danke für das/die gute …

birra
ˈbirra

pasta
ˈpaßta

limonata
limoˈnata

marmellata
marmelˈlata

Verständigungsprobleme lösen

Wenn Sie jemanden nicht verstanden haben, können Sie fragen:

Scusi? ˈßkusi   Bitte?

oder wenn Sie Ihr Gegenüber duzen:

Scusa? ˈßkusa   Bitte?

oder falls Sie sich an mehrere Personen wenden:

Scusate? ßkuˈsate   Bitte?

und in jedem Fall:

Come? ˈkome   Wie?

Cosa? ˈkosa   Was?

Etwas ausführlicher können Sie auch sagen:

Non ho capito.   Das habe ich nicht
non o kaˈpito   verstanden.

Non ho capito bene.   Das habe ich nicht genau
non o kapito ˈbene   verstanden.

Und wenn Sie gar nichts mehr verstehen:

Scusi, non capisco.   Tut mir leid, das verstehe
ˈßkusi non kaˈpißko   ich nicht.

Scusa, non ti capisco.   Tut mir leid, ich verstehe
ˈßkusa non ti kaˈpißko   dich nicht.

Scusi, non La capisco.
ˈßkusi non la kaˈpißko

Tut mir leid, ich verstehe Sie nicht.

Non ti capisco più.
non ti kaˈpißko pju

Ich verstehe dich nicht mehr.

Ora non ti capisco più.
ˈora non ti kaˈpißko pju

Jetzt verstehe ich dich nicht mehr.

Non La capisco più.
non la kaˈpißko pju

Ich verstehe Sie nicht mehr.

Ora non La capisco più.
ˈora non la kaˈpißko pju

Jetzt verstehe ich Sie nicht mehr.

Non capisco più niente.
non kaˈpißko pju ˈnjente

Ich verstehe gar nichts mehr.

Ora non capisco più niente.
ˈora non kaˈpißko pju ˈnjente

Jetzt verstehe ich gar nichts mehr.

Sprachtipp

Die einfachste Form der Verneinung heißt *non* und bedeutet „nicht". Weitere Möglichkeiten der Verneinung eines Satzes sind:
non … più (nicht mehr), *non … niente* (nichts), *non … più niente* (nichts mehr), *non … per niente* (überhaupt nicht) und *non … ancora* (noch nicht)
Wichtig: Das gebeugte Zeitwort steht im Gegensatz zum Deutschen <u>nach</u> dem *non*:
Non voglio più. = Ich will nicht mehr.

Wenn Sie nach dem Wort für etwas Bestimmtes suchen, können Sie sich durch Gesten zusammen mit den folgenden Sätzen dabei helfen lassen:

Come si chiama questo?   Wie heißt das?
kome ßi ˈkjama kuˈeßto

Come si chiama questa cosa?   Wie heißt dieses Ding?
kome ßi ˈkjama kueßta ˈkosa

Cos'è questo?   Was ist das?
koˈsä kuˈeßto

Vielleicht sind Sie sich manchmal nicht sicher, ob Sie das richtige Wort mit der korrekten Aussprache benutzt haben. Falls Ihr Gesprächspartner also plötzlich ohne ersichtlichen Grund ein ganz erstauntes Gesicht machen sollte, können Sie fragen:

Non è un ... ♂   Ist das nicht ein ...?
[Wiederholung des Wortes]?
non ä un

Non è una ... ♀   Ist das nicht eine ...?
[Wiederholung des Wortes]?
non ä una

Non si può dire?   Kann man das nicht
non ßi puˈo ˈdire   sagen?

Non si dice?   Sagt man das nicht?
non ßi ˈditsche

Und so können Sie nachfragen, ob man Sie denn versteht:

Mi capisce? mi ka'pische	Verstehen Sie mich?
Mi capisci? mi ka'pischi	Verstehst du mich?
Mi faccio capire*? mi 'fattscho ka'pire	Drücke ich mich verständlich aus?
Capisce quello che dico? ka'pische kuello ke 'diko	Verstehen Sie, was ich sage?
Capisci quello che dico? ka'pischi kuello ke 'diko	Verstehst du, was ich sage?
Si capisce quello che dico? ßi ka'pische kuello ke 'diko	Versteht man, was ich sage?
Ha capito? a ka'pito	Haben Sie verstanden?
Hai capito? 'ai ka'pito	Hast du verstanden?
Avete capito? awete ka'pito	Habt ihr verstanden?

---

* Achtung feste Wendung:
  mi faccio capire mi 'fattscho ka'pire   ich mache mich verständlich

Smalltalk

Das Befinden

Zu Beginn eines Gesprächs mit Bekannten oder Freunden erkundigt man sich normalerweise nach dem Befinden seines Gegenübers.

Come sta? kome 'ßta		Wie geht es Ihnen?
Come stai? kome 'ßtai		Wie geht es dir?
Come state? kome 'ßtate		Wie geht es euch/Ihnen?

Sprachtipp

Während die Italiener ganz streng zwischen „du" und „Sie" unterscheiden, ist der Unterschied zwischen „ihr" und „Sie" in der Mehrzahl nur noch von Bedeutung, wenn man ausgesprochen höflich sein möchte. In der Umgangssprache sind die beiden Formen bereits miteinander verschmolzen. Das gilt immer, auch wenn in diesem Buch nicht überall extra darauf hingewiesen wird.

So können Sie z. B. *Come state?* (eigentlich: Wie geht es euch?) getrost auch zu Leuten sagen, die Sie siezen. Es bekommt dann die Bedeutung „Wie geht es Ihnen?".

Come sta oggi? kome 'ßta 'oddschi	Wie geht es Ihnen heute?
Come stai oggi? kome 'ßtai 'oddschi	Wie geht es dir heute?
Come state oggi? kome 'ßtate 'oddschi	Wie geht es euch/Ihnen heute?

Smalltalk

41

Wenn es ein bisschen lockerer klingen soll, sagen Sie einfach:

Come va? kome ˈwa — Wie geht's?

Come vanno le cose?
kome ˈwanno le ˈkose — Wie läuft's?

Ciao, come va?
ˈtschau kome ˈwa — Hi, wie geht's?

Wenn es jemandem vorher nicht so gut ging, können Sie sagen:

Stai meglio? ßtai ˈmeljo — Geht es dir besser?

Stai meglio ora? ßtai ˈmeljo ˈora — Geht es dir jetzt besser?

Stai meglio oggi?
ßtai ˈmeljo ˈoddschi — Geht es dir heute besser?

Sta meglio? ßta ˈmeljo — Geht es Ihnen besser?

Sta meglio ora? ßta ˈmeljo ˈora — Geht es Ihnen jetzt besser?

Sta meglio oggi?
ßta ˈmeljo ˈoddschi — Geht es Ihnen heute besser?

Va meglio ora? wa ˈmeljo ˈora — Geht es jetzt besser?

Va meglio oggi? wa ˈmeljo ˈoddschi — Geht es heute besser?

Meistens wird die Frage nach dem Befinden positiv beantwortet werden:

Bene. ˈbene — Gut.

Molto bene. ˈmolto ˈbene — Sehr gut.

Bene, grazie. ˈbene ˈgrazie — Gut, danke.

Molto bene, grazie.
ˈmolto ˈbene ˈgrazie — Sehr gut, danke.

Sto molto bene, grazie. ßto 'molto bene 'grazie	Es geht mir sehr gut, danke.
E voi? e 'woi	Und euch/Ihnen?
Stiamo bene, grazie. ßtjamo 'bene 'grazie	Uns geht es gut, danke.
Stiamo molto bene, grazie. ßtjamo 'molto bene 'grazie	Es geht uns sehr gut, danke.
Meglio, grazie. 'meljo 'grazie	Besser, danke.
Molto meglio, grazie. 'molto meljo 'grazie	Sehr viel besser, danke.
Sto meglio, grazie. ßto 'meljo 'grazie.	Mir geht es besser, danke.
Stiamo meglio, grazie. ßtjamo 'meljo 'grazie	Uns geht es besser, danke.
Sto meglio oggi. ßto 'meljo 'oddschi	Heute geht es mir besser.
Stiamo meglio oggi. ßtjamo 'meljo 'oddschi	Heute geht es uns besser.

Natürlich kann die Antwort auch einmal nicht so positiv ausfallen:

Non tanto bene. non tanto 'bene	Nicht besonders gut.
Non sto tanto bene. non 'ßto tanto bene	Es geht mir nicht allzu gut.
Non stiamo tanto bene. non 'ßtjamo tanto bene	Es geht uns nicht allzu gut.

Male. ˈmale	Schlecht.
Sto male. ßto ˈmale	Es geht mir schlecht.
Oggi sto male. ˈoddschi ßto ˈmale	Heute geht es mir schlecht.
Mi sono rotto ♂ **...** mi ßono ˈrotto	Ich habe mir das/den/ die ... gebrochen.
Mi sono rotta ♀ **...** mi ßono ˈrotta	Ich habe mir das/den/ die ... gebrochen.

 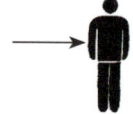 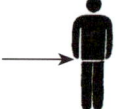 

la gamba	**il braccio**	**la mano**	**il piede**
la ˈgamba	il ˈbrattscho	la ˈmano	il ˈpjede

Sprachtipp

Wie im Deutschen werden auch im Italienischen die Hilfs-
zeitwörter *avere* (haben) und *essere* (sein) zur Bildung der
Vergangenheit benutzt. Bildet ein Zeitwort seine Vergangenheit mit *essere* (sein), ist das Mittelwort veränderlich und
passt sich der Person an. Beispiel:
sono andata ♀ (ich bin gegangen), *sei andato* ♂ (du bist gegangen), *siamo andati* ♂ (wir sind gegangen), *sono andate*
♀ (sie sind gegangen)
Die Endungen der Mittelwörter entsprechen den Endungen
von Fürwörtern und Eigenschaftswörtern, also -*a* und -*e* für
das Weibliche, -*o* und -*i* für das Männliche.

Herkunft

Die Herkunft ist gerade im Urlaub häufig eines der ersten Themen, die sich ergeben. Fragen dazu können Sie folgendermaßen stellen und beantworten:

Di dove sei? di dowe 'ßäi — Woher kommst du?

Di dov'è? di do'wä — Woher kommen Sie?

Sono dalla Germania*.
ßono dalla dscher'manja — Ich komme aus Deutschland.

Siamo dalla Germania*.
ßjamo dalla dscher'manja — Wir kommen aus Deutschland.

> ### Sprachtipp
>
> Steht das Wörtchen *da* (zu; von; seit) vor einem Geschlechtswort, verschmilzt es mit diesem. So wird zum Beispiel *da* + *la* zu *dalla* (*dalla Germania* – aus Deutschland) und *da* + *l'* zu *dall'* (*dall'Austria* – aus Österreich).

E dove in Germania**?
e 'dowe in dscher'manja — Und wo in Deutschland?

Sono di … [Name der Stadt].
'ßono di — Ich bin aus …

Siamo di … [Name der Stadt].
'ßjamo di — Wir sind aus …

---

* **dall'Austria** dall'außtria — Österreich
  dalla Svizzera dalla 'switzera — der Schweiz
** **Austria** 'außtria — Österreich
  Svizzera 'switzera — der Schweiz

È vicino a … [Stadt]. ä wi'tschino a	Das ist nahe bei …
È molto vicino a … [Stadt]. ä 'molto wi'tschino a	Das ist sehr nahe bei …
Non è vicino a … [Stadt]? non ä wi'tschino a	Ist das nicht in der Nähe von …?
Sì, è vicino a … [Stadt]. ßi ä wi'tschino a	Ja, das ist nahe bei …
Sì, è molto vicino a … [Stadt]. ßi ä 'molto wi'tschino a	Ja, das ist sehr nahe bei …
… [Stadt] è molto vicina. … ä 'molto wi'tschina	… ist ganz in der Nähe.

Sprachtipp

Städtenamen sind im Italienischen in aller Regel weiblich. „Berlin ist schön" wird also mit *Berlino è bella* (ber'lino ä 'bälla) übersetzt.

Möglicherweise ist Ihre Stadt oder Ihr Ort im Ausland gar nicht so unbekannt wie Sie vielleicht dachten:

Oh, ci sono stato! ♂ 'o tschi ßono 'ßtato	Oh, da bin ich gewesen!
Oh, ci sono stata! ♀ 'o tschi ßono 'ßtata	Oh, da bin ich gewesen!
Oh, ci vado domani! 'o tschi wado 'domani	Oh, da fahre ich morgen hin!

Oh, ci voglio andare domani!
ˈo tschi woljo andare doˈmani

Oh, da will ich morgen hin!

Vorrei andarci!
worräi anˈdartschi

Da würde ich gerne mal hin!

A ... [Stadt] è molto buono il ...
a ... ä ˈmolto buˈono il

In ... gibt es doch sehr gute(n) ...

caffè
kafˈfä

formaggio
forˈmaddscho

cioccolato
tschokkoˈlato

vino
ˈwino

A ... [Stadt] è molto buona la ...
a ... ä ˈmolto buˈona la

In ... gibt es doch sehr gute(s) ...

pasta
ˈpaßta

carne
ˈkarne

pizza
ˈpitza

birra
ˈbirra

Smalltalk

Urlaubsgeplauder

Nachfolgend lernen Sie auszudrücken, wie es Ihnen an Ihrem Urlaubsort zurzeit gefällt. Zunächst hoffen wir natürlich, dass es Ihnen gut gefällt:

Ti piace qui? ti ˈpjatsche kuˈi — Gefällt es dir hier?

Le piace qui?
le ˈpjatsche kuˈi — Gefällt es Ihnen hier?

Vi piace qui?
wi ˈpjatsche kuˈi — Gefällt es euch/Ihnen hier?

Sì, molto. ˈßi ˈmolto — Ja, sehr.

Sì, mi piace molto.
ˈßi mi pjatsche ˈmolto — Ja, es gefällt mir sehr gut.

Sì, ci piace molto.
ˈßi tschi pjatsche ˈmolto — Ja, es gefällt uns sehr gut.

Sì, è bello qui. ˈßi ä ˈbällo kuˈi — Ja, es ist schön hier.

Sì, è molto bello qui.
ˈßi ä ˈmolto ˈbällo kuˈi — Ja, es ist sehr schön hier.

La camera è molto bella.
la ˈkamera ä ˈmolto ˈbälla — Das Zimmer ist sehr schön.

La … è molto buona qui.
la … ä ˈmolto buˈona kuˈi — Das/etc. … ist sehr gut hier.

colazione
kolaˈzjone

cena
ˈtschena

spiaggia
ˈßpjaddscha

Il ... è molto buono qui.
il ... ä ˈmolto buˈono kuˈi

Der/etc. ... ist sehr gut hier.

servizio
ßerˈwizio

pranzo
ˈprandso

supermercato
ßupermerˈkato

Leider hat man aber manchmal auch Pech oder es war woanders einfach noch schöner:

Non ti piace qui?
non ti ˈpjatsche kuˈi

Gefällt es dir hier nicht?

Non le piace qui?
non le ˈpjatsche kuˈi

Gefällt es Ihnen hier nicht?

Non vi piace qui?
non wi ˈpjatsche kuˈi

Gefällt es euch/Ihnen hier nicht?

No, non mi piace tanto.
ˈno non mi ˈpjatsche ˈtanto

Nein, es gefällt mir nicht besonders.

No, non ci piace.
ˈno non tschi ˈpjatsche

Nein, es gefällt uns nicht.

Non ci piace per niente qui.
non tschi ˈpjatsche per ˈnjente kuˈi

Es gefällt uns hier überhaupt nicht.

Sprachtipp

Die Kombination *non ... per niente* (eigentlich: nicht ... für nichts) bedeutet „überhaupt nicht".

**È stato più bello a …
[Ortsname].** ä ˈßtato pju ˈbällo a

In … war es schöner.

**È stato molto più bello a …
[Ortsname].** ä ßtato ˈmolto
pju ˈbällo a

In … war es viel schöner.

**A … [Ortsname] è stata più
bella la camera/…** a … ä
ˈßtata pju ˈbälla la ˈkamera/…

In … war das Zimmer/etc.
schöner.

piscina
piˈschina

vista
ˈwißta

spiaggia
ˈßpjaddscha

**A … [Ortsname] è stato più
bello il letto/…** a … ä
ˈßtato pju ˈbällo il ˈlätto/…

In … war das Bett/etc.
schöner.

bar
ˈbar

mare
ˈmare

campeggio
kamˈpeddscho

50

È stato più bello qui nel … [Jahreszahl] ä 'ßtato pju 'bällo ku'i näll …

… [Jahreszahl] ist es hier schöner gewesen.

Sprachtipp

Mit den Zahlen, die Sie auf den Innenseiten des Einbands finden, können Sie ganz leicht eine Jahreszahl bilden: Jahreszahlen werden im Italienischen genauso gelesen wie normale Zahlen. 1997 z. B. heißt *millenovecento-novantasette* ('millenowe'tschentono'wanta'ßätte). 2002 heißt dann entsprechend *duemiladue* ('duemila'due).
Im Gegensatz zum Deutschen steht im Italienischen vor der Jahreszahl immer das Wort *nel*, das sich zusammensetzt aus dem Wörtchen *in* (in) und dem Geschlechtswort *il* und „im" bedeutet.

So können Sie sich über Ihre Gewohnheiten während des Urlaubs unterhalten:

Vado a letto tardi.
wado a 'lätto 'tardi

Ich gehe spät schlafen.

Noi andiamo a letto tardi.
'noi andjamo a 'lätto 'tardi

Wir gehen spät schlafen.

Vai a letto tardi?
wai a lätto 'tardi

Gehst du spät schlafen?

Vai a letto tardi!
wai a lätto 'tardi

Du gehst spät schlafen!

Voi due andate a letto tardi?
woi 'due andate a 'lätto 'tardi

Geht ihr beiden spät schlafen?

Voi due andate a letto tardi!
woi ᶦdue andate a ᶦlätto ᶦtardi

Ihr beiden geht spät
schlafen!

Non vado a letto tardi.
non ᶦwado a ᶦlätto ᶦtardi

Ich gehe nicht spät
schlafen.

Non andiamo a letto tardi.
non anᶦdjamo a ᶦlätto ᶦtardi

Wir gehen nicht spät
schlafen.

Siamo … tutte le sere.
ᶦßjamo … ᶦtutte le ᶦßere

Wir sind jeden Abend in
der/etc. …

in discoteca
in dißkoᶦteka

al bar
al ᶦbar

al cinema
al ᶦtschinema

al casinò
al kasiᶦno

Non voglio perdere tempo.
non ᶦwoljo pärdere ᶦtempo

Ich will keine Zeit
vergeuden.

Non vogliamo perdere tempo.
non wolᶦjamo pärdere ᶦtempo

Wir wollen keine Zeit
vergeuden.

So drücken Sie Ihr Erholungsbedürfnis aus:

Ho bisogno di tempo per me.
o bi'sonjo di 'tempo per 'mä

Ich brauche mal Zeit für
mich selbst.

**Abbiamo bisogno di tempo per
noi.** abbjamo bi'sonjo di 'tempo
per 'noi

Wir brauchen mal Zeit für
uns selbst.

… oder sprechen darüber, wie lange die schöne Zeit noch
dauert:

Quanti giorni stai?
ku'anti 'dschorni 'ßtai

Wie viele Tage bleibst du
hier?

Quanti giorni sta?
ku'anti 'dschorni ßta?

Wie viele Tage bleiben Sie
hier?

Quanti giorni state?
ku'anti 'dschorni 'ßtate

Wie viele Tage bleibt ihr/
bleiben Sie hier?

**Siamo qui per … [Zahl] giorni –
e voi?** ßjamo ku'i per …
'dschorni – e 'woi

Wir sind für … Tage hier –
und ihr?

Da quanto tempo è qui?
da ku'anto 'tempo ä ku'i

Wie lange sind Sie schon
hier?

Da quanto tempo sei qui?
da ku'anto 'tempo ßai ku'i

Wie lange bist du schon
hier?

**Sono qui da … [Zahl]
giorni.** ßono ku'i da
… 'dschorni

Ich bin seit … Tagen
hier.

Siamo qui da … [Zahl]
giorni – e voi? ßjamo ku'i da
… 'dschorni – e 'woi

Wir sind seit … Tagen
hier – und ihr?

Die Zahlen finden Sie auf den Innenseiten des Einbands.

Das Wetter

Auch das meist sonnige Wetter bietet sich als dankbares Gesprächsthema an:

Che bel tempo!
ke bäl 'tempo

Was für ein schönes
Wetter!

Che bel tempo oggi!
ke bäl 'tempo 'oddschi

Was für schönes Wetter
heute!

Fa bel tempo.
fa bäl 'tempo

Es ist schönes Wetter.

Fa bel tempo oggi.
fa bäl 'tempo 'oddschi

Es ist schönes Wetter
heute.

Sì, un tempo bellissimo!
ßi un 'tempo bel'lißßimo

Ja, ein wunderschönes
Wetter!

Che tempo fa? ke 'tempo fa

Wie ist das Wetter?

Che tempo fa oggi? ke 'tempo
fa 'oddschi

Wie ist das Wetter heute?

Che bel tempo ieri!
ke bäl 'tempo 'jeri

Was für schönes Wetter
gestern!

Non abbiamo tanti giorni come questi in Germania*.
non ab'bjamo tanti 'dschorni kome ku'eßti in dscher'manja

Wir haben in Deutschland nicht allzu viele solcher Tage.

Leider kann aber auch in Italien die Sonne nicht immer scheinen:

Fa brutto tempo. fa brutto 'tempo

Es ist schlechtes Wetter.

Fa brutto tempo oggi.
fa brutto 'tempo 'oddschi

Es ist schlechtes Wetter heute.

Che brutto tempo oggi!
ke brutto 'tempo 'oddschi

So ein scheußliches Wetter heute!

Che brutto tempo ieri!
ke brutto 'tempo 'jeri

Das war scheußliches Wetter gestern!

Abbiamo tanti giorni come questi in Germania*. abbjamo 'tanti dschorni kome ku'eßti in dscher'manja

Wir haben viele solcher Tage in Deutschland.

C'è troppo ... per me.
tschä troppo ... per mä.

Das ist zu viel ... für mich.

Vorrei più ... worräi pju

Ich hätte gerne mehr ...

sole
'ßole

---

* **Austria** 'außtria
  Svizzera 'switzera

Österreich
der Schweiz

C'è troppa … per noi.
tschä 'troppa … per 'noi

Das ist zu viel … für uns.

Vorrei più … worräi pju

Ich hätte gerne mehr …

pioggia
'pjoddscha

Vielleicht sind Sie aber auch völlig zufrieden mit dem Wetter:

Per me va bene questo tempo!
per 'mä wa 'bene kueßto 'tempo

Mir passt dieses Wetter!

A me piace questo tempo!
a 'mä 'pjatsche kueßto 'tempo

Ich mag dieses Wetter.

Per noi va bene questo tempo!
per 'noi wa 'bene kueßto 'tempo

Uns passt dieses Wetter!

A noi piace questo tempo!
a 'noi 'pjatsche kueßto 'tempo

Wir mögen dieses Wetter.

Komplimente und Lob

Wer würde sich nicht ab und zu über ein kleines Kompliment freuen? So geht's auf Italienisch:

Questa cosa/… le sta molto bene. kueßta ˈkosa/… le ßta ˈmolto ˈbene

Das hier/etc. steht Ihnen sehr gut.

camicia
kaˈmitscha

gonna
ˈgonna

cravatta
kraˈwatta

giacca
ˈdschakka

Questo qui/… le sta molto bene. kueßto kuˈi/ … le ßta ˈmolto ˈbene

Dieses hier/etc. steht Ihnen sehr gut.

vestito
weßˈtito

pullover
pulˈlower

cappello
kaˈpällo

costume
koßˈtume

Sprachtipp

Scheuen Sie sich nicht, für unbekannte Dinge/Wörter einfach *cosa* zu sagen und gegebenenfalls durch Deuten oder eine Geste auf das Gemeinte zu verweisen – so wird Ihr Wortschatz ganz automatisch größer.

Das Eigenschaftswort *bello* lässt sich auf fast alles anwenden, was man Ihnen vielleicht stolz zeigen oder vorführen wird:

Che bello! ke ˈbällo

Wie schön!

Che bella cosa! ke ˈbälla ˈkosa

Was für eine schöne Sache!

Che bella camera/…!
ke ˈbälla ˈkamera

Was für ein schönes
Zimmer/etc.!

spiaggia
ˈßpjaddscha

chiesa
ˈkjesa

moto
ˈmoto

gonna
ˈgonna

Che bel nome/…!
ke bäl ˈnome

Was für ein schöner
Name/etc.!

vestito
weß ˈtito

cane
ˈkane

gatto
ˈgatto

film
film

Auch das Wort *buono* können Sie immer wieder und für alles Mögliche verwenden:

I pasti sono buoni.
i ˈpaßti ßono buˈoni

Die Mahlzeiten sind gut.

I pasti sono molto buoni.
i ˈpaßti ßono ˈmolto buˈoni

Die Mahlzeiten sind sehr
gut.

Questo letto/… è molto buono.
kueßto ˈlätto ä ˈmolto buˈono

Dieses Bett/etc. ist sehr gut.

albergo
alˈbärgo

casco
ˈkaßko

ristorante
rißtoˈrante

vino
ˈwino

Questa … è molto buona.
kueßta … ä ˈmolto buˈona

Diese/s … ist sehr gut.

pizza
ˈpitza

torta
ˈtorta

tenda
ˈtenda

pasta
ˈpaßta

Unterkunft

Zimmersuche

So können Sie sich nach einer Unterkunft erkundigen:

Ho bisogno di una camera.
o bi'sonjo di una 'kamera

Ich brauche ein Zimmer.

Abbiamo bisogno di una camera.
abbjamo bi'sonjo di una 'kamera

Wir brauchen ein Zimmer.

Vorrei una camera.
wor'räi una 'kamera

Ich hätte gern ein Zimmer.

Vorremmo una camera.
wor'rämmo una 'kamera

Wir hätten gern ein
Zimmer.

Vorrei una camera qui vicino.
wor'räi una 'kamera ku'i
wi'tschino

Ich hätte gern ein Zimmer
hier in der Nähe.

**Vorremmo una camera qui
vicino.** wor'rämmo una
'kamera ku'i wi'tschino

Wir hätten gern ein Zimmer
hier in der Nähe.

C'è un ... qui vicino?
tschä un ... ku'i wi'tschino

Gibt es in der Nähe eine
Touristeninformation?

ufficio informazioni turistiche
uf'fitscho informa'zjoni tu'rißtike

Dove si trova? dowe ßi 'trowa | Wo befindet sie sich?

Ci può dire dove si trova? tschi pu'o 'dire dowe ßi 'trowa | Können Sie uns sagen, wo sie sich befindet?

Mi può dire dove si trova? mi pu'o 'dire dowe ßi 'trowa | Können Sie mir sagen, wo sie sich befindet?

Come lo trovo? kome lo 'trowo | Wie finde ich sie?

Come lo troviamo? kome lo tro'wjamo | Wie finden wir sie?

A che ora apre? a ke ora 'apre | Um wie viel Uhr öffnet sie?

È aperto ora? ä a'pärto 'ora | Ist sie jetzt geöffnet?

Non è aperto ora? non ä a'pärto 'ora | Ist sie jetzt nicht geöffnet?

È aperto domani? ä a'pärto do'mani | Ist sie morgen geöffnet?

Non è aperto domani? non ä a'pärto do'mani | Ist sie morgen nicht geöffnet?

Grazie tanto per il suo aiuto. grazie 'tanto per il ßuo a'juto | Vielen Dank für Ihre Hilfe.

Wenn Sie dann im Fremdenverkehrsamt sind, können Sie fragen:

C'è ... qui vicino? tschä ... ku'i wi'tschino | Gibt es hier in der Nähe ein ...?

un hotel
uno'täl

un albergo
unal'bärgo

una pensione
una pen'ßjone

Dov'è il … più vicino?
do'wä il … pju wi'tschino

Wo ist der nächste …?

campeggio
kam'päddscho

Avete una …? a'wete una

Haben Sie eine …?

carta stradale
'karta ßtra'dale

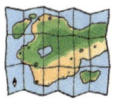

carta geografica
'karta dscheo'grafika

La posso avere? la 'poßßo a'were

Kann ich sie haben?

La possiamo avere?
la poß'ßjamo a'were

Können wir sie haben?

Quanto costa? kuanto 'koßta

Was kostet sie?

Um Überraschungen vorzubeugen, sollten Sie Ihre Preisvorstellungen deutlich machen:

Vorremmo una camera non troppo cara. wor'rämmo una 'kamera non troppo 'kara

Wir möchten ein Zimmer, das nicht zu teuer ist.

Vorrei una camera non troppo cara. wor'räi una 'kamera non troppo 'kara

Ich hätte gern ein Zimmer, das nicht zu teuer ist.

Non posso pagare più di …
per una notte. non ˈpoßßo
pagare pju di … per una ˈnotte

Ich kann nicht mehr als …
pro Nacht zahlen.

Non voglio pagare più di …
per una notte. non ˈwoljo
pagare pju di … per una ˈnotte

Ich möchte nicht mehr
als … pro Nacht zahlen.

Die Zahlen finden Sie auf den beiden Innenseiten des Einbands.

Non possiamo pagare di più
per una notte. non poßˈßjamo
pagare di pju per una ˈnotte

Mehr können wir für eine
Nacht nicht ausgeben.

Non vogliamo pagare di più
per una notte. non wolˈjamo
pagare di pju per una ˈnotte

Mehr möchten wir für eine
Nacht nicht ausgeben.

Non voglio pagare tanto per
una camera. non ˈwoljo
pagare ˈtanto per una ˈkamera

So viel möchte ich für ein
Zimmer nicht zahlen.

Non posso pagare tanto per
una camera. non ˈpoßßo
pagare ˈtanto per una ˈkamera

So viel kann ich für ein
Zimmer nicht zahlen.

An der Rezeption

Vielleicht haben Sie bereits im Voraus ein Zimmer reserviert:

Avete una camera per me.
awete una ˈkamera per ˈmä

Sie haben ein Zimmer für mich.

Avete una camera per noi.
awete una ˈkamera per ˈnoi

Sie haben ein Zimmer für uns.

È per … [Ihr Name]. ä per

Es ist für …

Siamo dalla Germania*.
ˈßjamo dalla dscherˈmanja

Wir sind aus Deutschland.

Quale camera ho?
kuale kamera ˈo

Welches Zimmer habe ich?

Quale camera abbiamo?
kuale kamera abˈbjamo

Welches Zimmer haben wir?

Auch ohne Reservierung lässt sich aber hoffentlich etwas finden:

Vorremmo una camera con un letto. worˈrämmo una ˈkamera kon un ˈlätto

Wir hätten gerne ein Zimmer mit einem Bett.

È un letto grande? ä un lätto ˈgrande

Ist es ein großes Bett?

Abbiamo bisogno di un letto grande. abˈbjamo biˈsonjo di un lätto ˈgrande

Wir brauchen ein großes Bett.

---

* **dall'Austria** dallˈaußtria
  dalla Svizzera dalla ˈswitzera

aus Österreich
aus der Schweiz

Prendiamo una camera con due letti. prendjamo una ˈkamera kon ˈdue lätti

Wir nehmen ein Zweibettzimmer.

Vorremmo una camera con un lettino. worˈrämmo una ˈkamera kon un letˈtino

Wir hätten gerne ein Zimmer mit einem Kinderbett.

Landestipp

Wenn Sie ein Doppelzimmer, eine *camera doppia* nehmen, bekommen Sie im Regelfall ein Zweibettzimmer. Möchten Sie sichergehen, dass Sie ein Doppelbett bekommen, sollten Sie eine *camera matrimoniale* reservieren.

Vorrei la camera per una notte. worˈräi la ˈkamera per ˈuna ˈnotte

Ich hätte das Zimmer gern für eine Nacht.

Vorrei la camera per due notti. worˈräi la ˈkamera per ˈdue ˈnotti

Ich hätte das Zimmer gern für zwei Nächte.

Vorremmo due camere, per piacere. worˈrämmo due ˈkamere per pjaˈtschere

Wir hätten gerne zwei Zimmer.

Vorremmo le camere per una notte. worˈrämmo le ˈkamere per ˈuna ˈnotte

Wir hätten die Zimmer gern für eine Nacht.

Vorremmo la camera per due notti. worˈrämmo la ˈkamera per due ˈnotti

Wir hätten das Zimmer gern für zwei Nächte.

È pronta la camera? ä ˈpronta la ˈkamera

Ist das Zimmer fertig?

Sono pronte le camere?
ßono ˈpronte le ˈkamere

Sind die Zimmer fertig?

Vogliamo stare qui per …
notti. wolˈjamo ßtare kuˈi per
… ˈnotti

Wir möchten … Nächte
hier bleiben.

Voglio stare qui per … notti.
woljo ßtare kuˈi per … ˈnotti

Ich möchte … Nächte hier
bleiben.

Die Zahlen finden Sie auf den Innenseiten des Einbands.

Unterkunft

Ausstattung und Extras

So können Sie sich genauer nach den Zimmern erkundigen bzw.
spezifische Wünsche anbringen:

Quante camere avete?
kuante ˈkamere aˈwete

Wie viele Zimmer haben
Sie?

Posso avere una camera
molto bella, per piacere?
ˈpoßßo awere una ˈkamera
molto ˈbälla per pjaˈtschere

Kann ich bitte ein sehr
schönes Zimmer haben?

Possiamo avere una camera
molto bella, per piacere?
poßˈßjamo awere una ˈkamera
molto ˈbälla per pjaˈtschere

Können wir bitte ein sehr
schönes Zimmer haben?

Vorremmo la camera più bella
che avete. worˈrämmo la
ˈkamera pju ˈbälla ke aˈwete

Wir hätten gerne das
schönste Zimmer, das Sie
haben.

67

Abbiamo bisogno di una camera grande. abbjamo bi'sonjo di una 'kamera 'grande

Wir brauchen ein großes Zimmer.

Qual'è la vostra camera più bella? kua'lä la woßtra 'kamera pju 'bälla

Welches ist das schönste Ihrer Zimmer?

Avete camere più grandi? a'wete 'kamere pju 'grandi

Haben Sie auch größere Zimmer?

Avete camere più piccole? a'wete 'kamere pju 'pikkole

Haben Sie auch kleinere Zimmer?

Cosa si vede dalla camera? kosa ßi 'wede dalla 'kamera

Was können wir vom Zimmer aus sehen?

Vorremmo vedere … dalla camera. worrämmo wedere … dalla 'kamera

Wir möchten gerne das/den/die … vom Zimmer aus sehen.

il mare
il 'mare

la spiaggia
la 'ßpjaddscha

le montagne
le mon'tanje

Vorrei una camera con … .
wor'räi una 'kamera kon

Ich hätte gern ein Zimmer mit … .

doccia
'dottscha

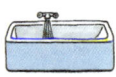

bagno
'banjo

toilette
toa'lätt

TV
ti'wu

Posso mangiare qui?
poßßo man¹dschare ku¹i

Kann ich hier essen?

Come vuole.
¹kome wu¹ole

Ganz wie Sie möchten.

Possiamo mangiare qui?
poß¹ßjamo man¹dschare ku¹i

Können wir hier essen?

Come volete.
¹kome wo¹lete

Ganz wie ihr möchtet/Sie
möchten.

Quanto costa un pasto?
kuanto ¹koßta un ¹paßto

Wie viel kostet eine
Mahlzeit?

Quanto costano i pasti?
kuanto ¹koßtano i ¹paßti

Wie viel kosten die
Mahlzeiten?

A che ora ci sono i pasti?
a ke ora tschi ¹ßono i ¹paßti

Um wie viel Uhr gibt es die
Mahlzeiten?

A che ora c'è …?
a ke ora tschä

Um wie viel Uhr gibt es …?

la colazione
la kola¹zjone

il pranzo
il ¹prandso

la cena
la ¹tschena

Dove si mangia?
dowe ßi 'mandscha

Wo wird gegessen?

Le faccio vedere*.
le 'fattscho we'dere

Ich zeige es Ihnen.

Vi faccio vedere.
wi 'fattscho we'dere

Ich zeige es euch/Ihnen.

Vielleicht möchten Sie sich das Zimmer anschauen, bevor Sie sich entscheiden:

Possiamo vedere la camera?
poß'ßjamo we'dere la 'kamera

Können wir das Zimmer sehen?

Mi può far vedere la camera.
mi pu'o far we'dere la 'kamera

Könnten Sie mir das Zimmer zeigen?

Vorrei vedere la camera.
wor'räi we'dere la 'kamera

Ich würde das Zimmer gerne sehen.

Non è ancora pronta la camera?
non ä ankora 'pronta la 'kamera

Ist das Zimmer noch nicht fertig?

Questa camera è troppo grande per me. kueßta 'kamera ä troppo 'grande per mä

Dieses Zimmer ist zu groß für mich.

Avete una camera più piccola?
a'wete una 'kamera pju 'pikkola

Haben Sie ein kleineres Zimmer?

Questa camera è troppo piccola per noi. kueßta 'kamera ä troppo 'pikkola per 'noi

Dieses Zimmer ist zu klein für uns.

---

* Achtung feste Wendung:
 faccio vedere 'fattscho we'dere   ich zeige

Avete una camera più grande?
a'wete una 'kamera pju 'grande

Haben Sie ein größeres Zimmer?

Avete una camera più bella?
a'wete una 'kamera pju 'bälla

Haben Sie ein schöneres Zimmer?

Zimmerpreise

So fragen Sie nach dem Preis für das Zimmer:

Quanto costa questa camera?
kuanto 'koßta kueßta 'kamera

Wie viel kostet dieses Zimmer?

Quanto costa per una notte?
kuanto 'koßta per una 'notte

Wie viel kostet es für eine Nacht?

Quanto costa per due notti?
kuanto 'koßta per 'due 'notti

Wie viel kostet es für zwei Nächte?

È caro! ä 'karo

Das ist teuer!

È molto caro! ä 'molto 'karo

Das ist sehr teuer!

È troppo caro! ä 'troppo 'karo

Das ist zu teuer!

Quanto costa per più notti?
kuanto 'koßta per pju 'notti

Wie viel kostet es für mehrere Nächte?

Non avete altre camere?
non a'wete altre 'kamere

Haben Sie keine anderen Zimmer?

Non avete camere più piccole?
non a'wete 'kamere pju 'pikkole

Haben Sie keine kleineren Zimmer?

Non c'è una camera più piccola? non tschä una 'kamera
pju 'pikkola

Gibt es kein kleineres Zimmer?

Entscheidung

Vielleicht haben Sie das gefunden, was Sie suchen:

Sì, questa camera mi piace molto. ßi kueßta ˈkamera mi ˈpjatsche ˈmolto
Ja, dieses Zimmer gefällt mir sehr gut.

La camera è bellissima. la ˈkamera ä belˈlißima
Das Zimmer ist wunderschön.

La prendo. la ˈprendo
Ich nehme es.

Questa camera ci piace. kueßta ˈkamera tschi ˈpjatsche
Dieses Zimmer gefällt uns.

La prendiamo. la prenˈdjamo
Wir nehmen es.

È molto bella questa camera. ä ˈmolto ˈbälla kueßta ˈkamera
Dieses Zimmer ist sehr schön.

La posso avere subito? la ˈpoßßo awere ˈßubito
Kann ich es sofort nehmen?

La vorremmo avere subito. la worˈrämmo awere ˈßubito
Wir hätten es gerne ab sofort.

… oder Sie müssen sich noch ein bisschen umschauen:

Le vostre camere costano troppo. le woßtre ˈkamere ˈkoßtano ˈtroppo
Ihre Zimmer kosten zu viel.

Le vostre camere sono troppo care. le woßtre ˈkamere ßono ˈtroppo ˈkare
Ihre Zimmer sind zu teuer.

Grazie, ma voglio una camera più bella. ˈgrazie ma woljo una kamera pju ˈbälla
Danke, aber ich möchte ein etwas schöneres Zimmer.

Grazie, ma vogliamo una camera più bella. ˈgrazie ma woljamo una kamera pju ˈbälla	Danke, aber wir wollen ein etwas schöneres Zimmer.
No, non voglio questa camera, grazie. ˈno non ˈwoljo kueßta kamera ˈgrazie	Nein, ich möchte dieses Zimmer nicht, danke.
Non vogliamo questa camera, grazie. non wolˈjamo kueßta kamera ˈgrazie	Wir möchten dieses Zimmer nicht, danke.
Grazie che ci ha fatto vedere le camere. ˈgrazie ke tschi a fatto weˈdere le ˈkamere	Danke, dass Sie uns die Zimmer gezeigt haben.
Grazie che ho potuto vedere le camere. ˈgrazie ke o potuto weˈdere le ˈkamere	Danke, dass ich die Zimmer sehen durfte.

Service

Vielleicht hat man einen Anruf für Sie entgegengenommen:

Scusi, qualcuno L'ha chiamato. ♂ ˈßkusi kualˈkuno la kjaˈmato	Entschuldigung, jemand hat für Sie angerufen.
Scusi, qualcuno L'ha chiamata. ♀ ˈßkusi kualˈkuno la kjaˈmata	Entschuldigung, jemand hat für Sie angerufen.
Scusi, c'è qualcuno che La vuole. ˈßkusi tschä kualˈkuno ke la wuˈole	Entschuldigen Sie, da ist jemand, der nach Ihnen verlangt.

Sprachtipp

Stehen die Fürwörter *la* und *lo* vor einem Zeitwort, das mit einem Selbstlaut beginnt (oder mit einem stummen Mitlaut wie bei *ha*), fällt das *a* bzw. das *o* am Ende des Fürworts häufig weg, vor allem vor gleich lautenden Vokalen.
So wird *la* + *ha* + *vista* zu *l'ha vista* (er/sie hat sie gesehen) und *lo* + *ho* + *fatto* wird zu *l'ho fatto* (ich habe es getan).

Oder Sie möchten sich wecken lassen:

Ci può chiamare domani mattina? tschi pu'o kja'mare domani mat'tina
Können Sie uns morgen früh anrufen?

A che ora? a ke 'ora
Um wie viel Uhr?

Alle ..., per piacere. alle ... per pja'tschere
Bitte um ... Uhr.

Die Zahlen finden Sie auf den Innenseiten des Einbands.

Oder brauchen Sie noch etwas Bestimmtes?

Abbiamo bisogno di un altro letto/... abbjamo bi'sonjo di un'altro 'lätto
Wir brauchen ein weiteres Bett/etc.

Vorremmo avere un letto/… in più*. worrämmo a'were un 'lätto in 'pju

Wir hätten gern ein zusätzliches Bett/etc.

fon
fon

asciugamano
aschuga'mano

Abbiamo bisogno di un'altra camera/… abbjamo bi'sonjo di unaltra 'kamera

Wir brauchen ein zusätzliches Zimmer/etc.

gruccia
'gruttscha

saponetta
ßapo'nätta

> ### Sprachtipp
>
> Genauso wie vor Hauptwörtern, die mit einem Selbstlaut beginnen, verändert sich auch vor Eigenschaftswörtern, die mit einem Selbstlaut beginnen, das Geschlechtswort.
> una+altra wird zu un'altra (eine andere/weitere)
> il+altro wird zu l'altro (der andere)
> la+altra wird zu l'altra (die andere)

---

* Achtung feste Wendung:
in più in 'pju

zusätzlich, mehr

Posso avere un pasto/..., per piacere? poßßo aˈwere un ˈpaßto/... per pjaˈtschere

Könnte ich bitte eine Mahlzeit/etc. haben?

un ferro da stiro
un ˈfärro da ˈßtiro

uno shampoo
uno ˈschampo

Oder Sie sind vielleicht hungrig oder durstig:

Possiamo avere qualcosa da mangiare? poßˈßjamo awere kualkosa da manˈdschare

Können wir etwas zu essen bekommen?

Posso avere qualcosa da bere? poßßo aˈwere kualkosa da ˈbere

Kann ich etwas zu trinken bekommen?

Dove si può andare a mangiare qualcosa a quest'ora? dowe ßi puˈo andare a mandschare kualˈkosa a kueßtˈora

Wo können wir um diese Zeit noch essen gehen?

Dove possiamo andare a bere qualcosa a quest'ora? dowe poßˈßjamo andare a bere kualˈkosa a kueßtˈora

Wo können wir um diese Zeit noch was trinken gehen?

Sprachtipp

Vor Wörtern, die mit einem Selbstlaut beginnen, verliert das Wörtchen *questo* bzw. *questa* zur Vereinfachung der Aussprache seinen letzten Buchstaben.
Aus *questa* + *ora* wird *quest'ora* (diese Uhrzeit).

Dov'è il … più vicino?
do**ꞌ**wä il … pju wi**ꞌ**tschino

Wo ist hier bitte der/die/das nächste…?

ristorante
rißto**ꞌ**rante

bar
ꞌbar

caffè
kaf**ꞌ**fä

supermercato
ßupermer**ꞌ**kato

Quando apre? kuando **ꞌ**apre

Wann öffnet es/sie/er?

È aperto oggi? ä a**ꞌ**pärto
ꞌoddschi

Hat es/sie/er heute geöffnet?

Beschwerden

Falls Ihre Zimmernachbarn sich einmal daneben benehmen sollten, können Sie sich so darüber beschweren:

Cosa fanno nella camera vicina? kosa **ꞌ**fanno nälla **ꞌ**kamera wi**ꞌ**tschina

Was treiben die da im Zimmer nebenan?

C'è qualcosa che non va nella camera vicina. tschä kual**ꞌ**kosa ke non **ꞌ**wa nälla kamera wi**ꞌ**tschina

Da stimmt etwas nicht im Zimmer nebenan.

Sprachtipp

Steht das Wörtchen *in* (in; auf; an) vor einem Geschlechtswort, verschmilzt es mit diesem. So wird aus *in + il* die Form *nel* (*nel 1999* – „im Jahr 1999"), aus *in + la* die Form *nella* (*la camera – nella camera*).

Unterkunft

**Vorremmo andare a letto
ma non si può!**
worrämmo andare a ˈlätto
ma non ßi puˈo

Wir würden jetzt gerne
schlafen gehen, aber das
ist nicht möglich!

Vorrei andare a letto!
worräi andare a ˈlätto

Ich würde jetzt gern ins
Bett!

Fate qualcosa, per piacere!
fate kualˈkosa per pjaˈtschere

Bitte unternehmt/
unternehmen Sie
irgendetwas!

Vielleicht hilft nur noch der Umzug in ein anderes Zimmer:

Voglio un'altra camera!
ˈwoljo un'altra ˈkamera

Ich möchte ein anderes
Zimmer!

**Abbiamo bisogno di un'altra
camera.** abbjamo biˈsonjo di
un ˈaltra ˈkamera

Wir brauchen ein anderes
Zimmer!

**Domani le posso dare un'altra
camera.** doˈmani le poßßo ˈdare
un'altra ˈkamera

Morgen kann ich Ihnen ein
anderes Zimmer geben.

Manchmal ist auch der Zimmerservice etwas zu langsam:

**La camera non è ancora
pronta.** la ˈkamera non
ä anˈkora ˈpronta

Das Zimmer ist noch nicht
fertig.

**Abbiamo bisogno della camera
ora.** abbjamo biˈsonjo dälla
ˈkamera ˈora

Wir brauchen das Zimmer
jetzt.

Ho bisogno della camera ora.
o biˈsonjo dälla ˈkamera ˈora

Ich brauche das Zimmer
jetzt.

Sprachtipp

Steht das Wörtchen *di* (von; aus; für; als) vor einem bestimmten Geschlechtswort, verbindet es sich mit diesem zu einem Wort. So wird *di* + *la* zu *della* (z. B. *della camera* = vom Zimmer, des Zimmers) und *di* + *il* zu *del* (z. B. *del letto* = vom Bett, des Bettes).

Non ho molto tempo.   Ich habe nicht viel Zeit.
non ¹o molto ¹tempo

Non abbiamo molto tempo.   Wir haben nicht viel Zeit.
non ab¹bjamo molto ¹tempo

Oder etwas in Ihrem Zimmer hat den Geist aufgegeben:

Scusi, ma il letto/… si è   Entschuldigung,
rotto. ¹ßkusi ma il ¹lätto/… ßi ä   aber das Bett/etc. ist
¹rotto   kaputtgegangen.

rubinetto
rubi¹nätto

radiatore
radja¹tore

ventilatore
wentila¹tore

Scusi, ma la cosa/... si è rotta.
ˈßkusi ma la ˈkosa/... ßi ä ˈrotta

Entschuldigung, aber das Ding/etc. ist kaputtgegangen.

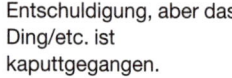

TV	**lampadina**	**radio**	**chiave**
tiˈwu	lampaˈdina	ˈradjo	ˈkjawe

Possiamo avere un altro letto?
poßˈßjamo awere un ˈaltro ˈlätto

Können wir ein anderes Bett haben?

Posso avere un altro letto?
ˈpoßßo awere un ˈaltro ˈlätto

Kann ich ein anderes Bett haben?

Può fare qualcosa subito?
puˈo fare kualkosa ˈßubito

Können Sie da sofort etwas machen?

Lo può fare per stasera?
lo puo ˈfare per ßtaˈßera

Bekommen Sie das bis heute Abend hin?

Urlaubsaktivitäten

Von A nach B kommen

Egal, was Sie unternehmen möchten, Sie werden dabei immer einiges an (unbekannten) Wegen zurücklegen müssen:

Scusi, come trovo … [Ziel]?
ˈßkusi kome ˈtrowo

Entschuldigung, wie finde ich bitte …?

Scusi, come troviamo … [Ziel]?
ˈßkusi kome troˈwjamo

Entschuldigung, wie finden wir bitte …?

Scusi, dove si trova … [Ziel]?
ˈßkusi dowe ßi ˈtrowa

Entschuldigung, wo befindet sich …?

Possiamo prendere il …?
poßßjamo ˈprendere il …

Können wir mit dem/der … fahren?

C'è un … qui vicino?
tschä un … kuˈi wiˈtschino

Gibt es hier in der Nähe eine/einen …?

A che ora c'è il … per … [Ziel]?
a ke ora ˈtschä il … per …

Um wie viel Uhr fährt der/die … nach …?

bus	**metrò**	**treno**	**tram**
buß	meˈtro	ˈtreno	tram

A che ora c'è? a ke ora ˈtschä

Um wie viel Uhr fährt er/sie?

Che ore sono? ke ore ˈßono

Wie spät ist es?

Scusi, mi può dire che ore sono?
ˈßkusi mi puo ˈdire ke ore ˈßono

Entschuldigen Sie bitte, können Sie mir sagen, wie spät es ist?

Quanto tempo ci vuole*?
kuanto tempo tschi wuˈole

Wie lange ist man unterwegs?

Shopping

So können Sie das passende Geschäft für Ihre Einkaufswünsche finden:

Scusi, dov'è ... più vicino?
ˈßkusi doˈwä ... pju wiˈtschino

Entschuldigen Sie, wo ist der/die nächste ...?

il macellaio
il matschelˈlajo

il mercato
il merˈkato

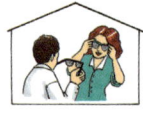

l'ottico
ˈlottiko

il panificio
il paniˈfitscho

il fruttivendolo
il fruttiˈwendolo

il gioieliere
il dschojelˈjere

---

* Achtung feste Wendung:
   ci vuole tschi wuˈole   man braucht/benötigt

Scusi, dove trovo regali/…
qui vicino? ˈßkusi dowe ˈtrowo reˈgali kuˈi wiˈtschino

Entschuldigung, wo bekomme ich hier in der Nähe Geschenke/etc.?

abbigliamento
abbiljaˈmento

pellicole
pelˈlikole

fiori
ˈfjori

scarpe
ˈßkarpe

sigarette
ßigaˈrätte

giornali
dschorˈnali

Dann müssen Sie natürlich noch die Öffnungszeiten kennen:

A che ora aprite? a ke ora aˈprite   Um wie viel Uhr öffnen Sie?

Avete aperto il …? awete aˈpärto il   Haben Sie am … offen?

> Die Wochentage finden Sie auf der hinteren Innenseite des Einbands.

In quali giorni non avete aperto?
in kuali ˈdschorni non aˈwete aˈpärto

An welchen Tagen haben Sie nicht geöffnet?

Landestipp

Im Allgemeinen sind in Italien die Geschäfte von 8:30 oder 9:00 bis 13:00 Uhr sowie von 15:00 oder 16:00 bis etwa 20:00 Uhr geöffnet. Lebensmittelgeschäfte sind in vielen Großstädten Donnerstagnachmittag geschlossen. Friseure und Bekleidungsgeschäfte haben am Montag ihren Ruhetag. In Touristenzentren haben viele Läden während der Sommermonate längere Öffnungszeiten.

Und nun begleiten wir Sie auf einem Einkaufsbummel durch die Welt der Mode:

Che taglia è? ke talja 'ä | Welche Größe ist das?

È la ... [Größe]. ä la | Das ist Größe ...

Che taglia ha? ke 'talja a | Welche Größe haben Sie?

Ho la ... [Größe]. o la | Ich trage die ...

In Germania* ho la ... in dscher'manja o la | In Deutschland trage ich ...

Die Zahlen finden Sie auf den beiden Innenseiten des Einbands.

---

* **Austria** 'außtria   Österreich
  Svizzera 'switzera   der Schweiz

Landestipp

Falls einmal die entsprechenden deutschen Größen nicht angegeben sein sollten: Die italienische Damengröße 42 entspricht ungefähr der deutschen Größe 36, die italienische Größe 44 der deutschen Größe 38 usw. Dasselbe gilt für Herrengrößen (z.B. deutsche 52 = italienische 58).

Vorrei qualcosa di bello per la sera. worräi kualkosa di ˈbällo per la ˈßera

Ich möchte etwas Hübsches für den Abend.

Questo potrebbe andare bene. kuˈeßto poträbbe andare ˈbene

Das könnte mir passen.

Lo vediamo subito. lo wedjamo ˈßubito

Das sehen wir gleich.

Le va bene questo? le wa ˈbene kuˈeßto

Passt Ihnen das?

Le va bene questa taglia? le wa ˈbene kueßta ˈtalja

Passt Ihnen diese Größe?

No, è troppo piccolo. ˈno ä troppo ˈpikkolo

Nein, es ist zu klein.

No, è troppo grande. ˈno ä troppo ˈgrande

Nein, es ist zu groß.

Questo è troppo piccolo. kuˈeßto ä troppo ˈpikkolo

Das ist zu klein.

Questo è troppo grande. kuˈeßto ä troppo ˈgrande

Das ist zu groß.

Ho bisogno di una taglia in più.*   Ich brauche eine Größe
o bi'sonjo di una 'talja in 'pju   größer.

C'è più piccolo?   Gibt es das auch kleiner?
'tschä pju 'pikkolo

No grazie, non voglio un'altra   Danke, ich möchte keine
taglia. no 'grazie non 'woljo   andere Größe.
unaltra 'talja

Mi sta bene? mi ßta 'bene   Steht es mir?

Mi sta bene questo? mi ßta   Steht mir dieses da?
'bene ku'eßto

Sì, le sta bene! 'ßi le ßta 'bene   Ja, es steht Ihnen gut!

Sì, le sta molto bene! 'ßi le ßta   Ja, es steht Ihnen sehr gut!
'molto bene

Mi sta meglio questo?   Steht mir dieses besser?
mi ßta meljo ku'eßto

Sì, le sta ancora meglio.   Ja, das steht Ihnen noch
'ßi le ßta an'kora 'meljo   besser.

No, non le sta meglio.   Nein, das steht Ihnen nicht
'no non le 'ßta 'meljo   besser.

Questo è bellissimo!   Das ist wunderschön!
ku'eßto ä bel'lissimo

Lo prendo! lo 'prendo   Ich nehme es!

---

* Achtung feste Wendung:
  in più in 'pju   mehr, zusätzlich

Vielleicht möchten Sie auch Freunden und Bekannten zu Hause mit für Italien typischen Souvenirs eine Freude machen:

Posso vedere? poßßo we¹dere — Darf ich mal sehen?

Cos'è questo? ko¹sä ku¹eßto — Was ist das hier?

Cosa si fa con questo? kosa ßi ¹fa kon ku¹eßto — Was macht man damit?

Ho bisogno di un regalo bello. o bi¹sonjo di un re¹galo ¹bällo — Ich brauche ein schönes Geschenk.

Vorrei un regalo bello ma non troppo caro. worräi un regalo ¹bällo ma non troppo ¹karo — Ich möchte ein hübsches, aber nicht zu teures Geschenk.

Abbiamo bisogno di un regalo molto bello. abbjamo bi¹sonjo di un re¹galo ¹molto ¹bällo — Wir brauchen ein sehr schönes Geschenk.

Landestipp

Wenn Sie jemandem etwas Typisches aus Italien mitbringen wollen, dann greifen Sie am besten zu einer guten Flasche Wein (z. B. *Chianti* oder *Barolo*), einer Flasche Olivenöl (*extra vergine*) oder einer außergewöhnlichen Nudelsorte. Wenn Sie ein größeres Budget haben, eignen sich auch Leder- oder Tonwaren als Mitbringsel.

Unterhaltung

Ora cosa facciamo?
ˈora kosa fatˈtschamo

Was machen wir jetzt?

Ora cosa si fa? ˈora kosa ßi ˈfa

Was machen wir jetzt?

Ora cosa si potrebbe fare?
ˈora kosa ßi poträbbe ˈfare

Was könnte man jetzt
unternehmen?

Cosa facciamo stasera?
kosa fatˈtschamo ßtaˈßera

Was machen wir heute
Abend?

Dove andiamo? dowe
anˈdjamo

Wo gehen wir hin?

Andiamo ...? anˈdjamo

Gehen wir ins ...?

Vorrei andare ... worräi
anˈdare

Ich würde gern ins/in
die ... gehen.

al museo
al muˈseo

a teatro
a teˈatro

all'opera
allˈlopera

al concerto
al konˈtschärto

Dove posso prendere i biglietti?
dowe poßßo ˈprendere i biˈljätti

Wo kann ich die Karten
kaufen?

**Ho bisogno di biglietti molto
buoni.** o biˈsonjo di biˈljätti
molto buˈoni

Ich brauche sehr gute
Eintrittskarten.

Vorrei biglietti non troppo cari.
worräi biˈljätti non troppo ˈkari

Ich hätte gern nicht zu
teure Eintrittskarten.

Quanto costano i biglietti? kuanto ˈkoßtano i biˈljätti	Was kosten die Karten?
Quanto costano i biglietti più buoni? kuanto ˈkoßtano i biˈljätti pju buˈoni	Was kosten die besten Karten?
A che ora è? a ke ora ˈä	Um wie viel Uhr findet er/ sie/es statt?
A che ora andiamo? a ke ora anˈdjamo	Um wie viel Uhr gehen wir los?

Essen gehen

Wenn Sie essen gehen möchten, stellt sich zunächst die Frage nach der Essenszeit:

A che ora vorresti mangiare? a ke ora worräßti manˈdschare	Um wie viel Uhr würdest du gerne essen?
Quando vuole mangiare qualcosa? kuˈando wuole manˈdschare kualˈkosa	Wann möchten Sie etwas essen?
A che ora mangi la sera? a ke ora ˈmandschi la ˈßera	Um welche Zeit isst du zu Abend?
Qui si mangia più tardi che in Germania*. kuˈi ßi ˈmandscha pju ˈtardi ke in dscherˈmanja	Hier isst man später als in Deutschland.

---

* **Austria** ˈaußtria	Österreich
Svizzera ˈswitzera	der Schweiz

89

Andiamo a mangiare ora?
an'djamo a mand~~sch~~are 'ora

Gehen wir jetzt essen?

**Possiamo avere qualcosa da
mangiare?** poß'ßjamo awere
kualkosa da man'd~~sch~~are

Können wir etwas zu
essen bekommen?

… und dann natürlich nach dem Was und dem Wie viel:

Cosa vorresti mangiare?
kosa worräßti man'd~~sch~~are

Was möchtest du gerne
essen?

Cosa vuole da mangiare?
kosa wu'ole da man'd~~sch~~are

Was hätten Sie gerne zu
essen?

Cosa prende? kosa 'prende

Was nehmen Sie?

Vorrei … worräi

Ich hätte gern …

una minestra
una mi'näßtra

del salame
däl ßa'lame

un'insalata
uninßa'lata

delle olive
dälle o'liwe

Vorrei … con … worräi … kon …   Ich möchte … mit …

una cotoletta
una koto¹lätta

il pesce
il ¹pesche

la carne di vitello
la ¹karne di wi¹tällo

le patatine
le pata¹tine

le carote
le ka¹rote

le patate
le pa¹tate

il riso
il ¹riso

> ### Landestipp
>
> Ein vollständiges italienisches Essen besteht normaler-
> weise aus einer Vorspeise, gefolgt von *il primo* (einem Nu-
> del- oder Reisgericht), dem Hauptgang *il secondo* (einem
> Fleisch- oder Fischgericht) und einer Nachspeise.

E cosa vuole da bere?
e ¹kosa wuole da ¹bere

Und was möchten Sie
trinken?

Vuole bere qualcosa?
wuole bere kual¹kosa

Möchten Sie etwas
trinken?

Vorrei ... wor'räi

Ich hätte gerne ...

un'acqua
un'akua

un bicchiere di vino rosso
un bik'kjere di wino 'roßßo

un bicchiere di vino bianco
un bik'kjere di wino 'bjanko

una birra
una 'birra

Non mangio tanto.
non 'mandscho 'tanto

Ich esse nicht viel.

Non posso mangiare tanto stasera. non 'poßßo mandschare 'tanto ßta'ßera

Ich kann heute Abend nicht viel essen.

Ho mangiato piccole cose tutto il giorno. o man'dschato pikkole 'kose tutto il 'dschorno

Ich habe den ganzen Tag über viele Kleinigkeiten gegessen.

Posso avere ancora qualcosa di questo? poßßo a'were ankora kualkosa di ku'eßto

Könnte ich hiervon noch etwas haben?

Vuole ancora qualcosa?
wuole ankora kual'kosa

Möchten Sie noch etwas?

No, grazie. Non posso più mangiare niente. no ˈgrazie. non poßßo pju mandsehare ˈnjente

Nein, danke, ich kann nichts mehr essen.

Leider gibt es auch manchmal im Restaurant Grund zur Klage:

Non è quello che voglio. non ˈä kuello ke ˈwoljo

Das ist nicht das, was ich will.

Scusi, ma questo non è buono. ˈßkusi ma kuˈeßto non ä buˈono

Entschuldigung, aber das hier schmeckt nicht.

Scusi, ma non è buono per niente*. ˈßkusi ma non ä buˈono per ˈnjente

Entschuldigung, aber das schmeckt überhaupt nicht gut.

Non lo mangio. non lo ˈmandseho

Ich esse das nicht.

Non lo pago. non lo ˈpago

Ich zahle das nicht.

In der Bar

Vuole ancora qualcosa da bere? wuole ankora kualˈkosa da ˈbere

Möchten Sie noch etwas trinken?

Sì, ma vorrei pagare per me. ˈßi ma worräi paˈgare per ˈmä

Ja, aber ich möchte für mich zahlen.

Vorrei pagare. worˈräi paˈgare

Ich würde gerne zahlen.

Alla tua! alla ˈtua

Auf dein Wohl!

Alla vostra! alla ˈwoßtra

Auf euer Wohl!

---

* Achtung feste Wendung:
   non … per niente non per ˈnjente   überhaupt nicht

No grazie, non bevo più niente.
no ˈgrazie non bewo pju ˈnjente

Nein danke, ich trinke nichts mehr.

Ho bevuto troppo.
o bewuto ˈtroppo

Ich habe zu viel getrunken.

Landestipp

Die italienische *bar* hat mit einer deutschen Bar wenig gemeinsam. In der typischen *bar*, die außer einem Tresen meistens nur wenige kleine Tische hat, trinkt man morgens einen *cappuccino* und isst eine *brioche* (Hörnchen) dazu, abends gönnt man sich ein Gläschen Wein oder einen Espresso zur Verdauung. Sollten Sie also Lust auf Cocktails haben, gehen Sie besser in einen Pub oder in eine Cocktailbar.

Bekanntschaften und Flirts

Vielleicht knüpfen Sie vor Ort neue Kontakte oder lernen eine charmante Begleitung kennen:

Sei qui con qualcuno?
ßäi kuˈi kon kualˈkuno

Bist du mit jemandem hier?

È qui con qualcuno?
ä kuˈi kon kualˈkuno

Sind Sie mit jemandem hier?

Ti ho visto ieri sera.
ti o ˈwißto jeri ˈßera

Ich habe dich gestern Abend gesehen.

Andiamo a mangiare stasera?
anˈdjamo a manˈdschare ßtaˈßera

Gehen wir heute Abend essen?

Hai tempo stasera?
ˈai ˈtempo ßtaˈßera

Hast du heute Abend Zeit?

Ha tempo domani sera?
a ˈtempo domani ˈßera

Haben Sie morgen Abend Zeit?

Sì, ho tempo. ˈßi o ˈtempo

Ja, ich habe Zeit.

Grazie tanto. grazie ˈtanto

Vielen Dank.

Ci vediamo ancora?
tschi wedjamo anˈkora

Sehen wir uns wieder?

Ci vediamo domani?
tschi wedjamo doˈmani

Sehen wir uns morgen?

Landestipp

Um eine Frau zu beeindrucken, übernehmen italienische Männer bei den ersten Verabredungen gerne die Rechnung. Geht man später zusammen mit Freunden weg, wird die Gesamtrechnung meistens auf alle umgelegt.

Vielleicht sind Sie sich sogar mehr als nur sympathisch:

È bello stare con te.
ä ˈbällo ßtare kon ˈtä

Es ist schön, mit dir zusammen zu sein.

Sei bellissima. ♀
ßäi belˈlißßima

Du bist wunderschön

Sei bellissimo. ♂
ßäi belˈlißßimo

Du siehst sehr gut aus.

Mi piaci molto. mi ˈpjatschi ˈmolto

Du gefällst mir sehr.

Mi piace stare con te.
mi ˈpjatsche ßtare kon ˈtä

Ich bin gerne mit dir
zusammen.

**Voglio stare con te giorno e
notte!** woljo ßtare kon ˈtä
ˈdschorno e ˈnotte

Ich möchte Tag und Nacht
mit dir zusammen sein!

Andernfalls können Sie so reagieren, um unerwünschte Einladungen bzw. allzu heftige Avancen abzulehnen:

**Grazie, ma ho troppe cose da
fare.** ˈgrazie ma o ˈtroppe
kose da ˈfare

Danke, aber ich habe zu
viel zu tun.

No grazie, ho altro da fare!
no ˈgrazie o ˈaltro da fare

Nein danke, ich habe
etwas anderes zu tun.

Scusa, ma sto con qualcuno.
ˈßkusa ma ßto kon kualˈkuno

Tut mir leid, aber ich bin
mit jemandem zusammen.

**Sono qui con qualcuno, non
vedi?** ßono kuˈi kon kualˈkuno
non ˈwedi

Ich bin mit jemandem
hier, siehst du das nicht?

**Non voglio andare a letto con
te.** non ˈwoljo andare a ˈlätto
kon ˈtä

Ich will nicht mit dir ins
Bett gehen.

Non vuoi capire? non wuˈoi
kaˈpire

Willst du es denn nicht
verstehen?

Ho detto di no. o ˈdätto di ˈno

Ich habe nein gesagt.

Notfälle und Missgeschicke

Hilfe holen

Mi potrebbe aiutare?
mi po'träbbe aju'tare

Könnten Sie mir
bitte helfen?

Ci potrebbe aiutare?
tschi po'träbbe aju'tare

Könnten Sie uns bitte
helfen?

Mi può aiutare, per piacere?
mi pu'o aju'tare per pja'tschere

Können Sie mir
bitte helfen?

Ho bisogno di aiuto!
o bisonjo di a'juto

Ich brauche Hilfe!

Abbiamo bisogno di aiuto subito! abbjamo bisonjo di ajuto 'ßubito

Wir brauchen sofort Hilfe!

Aiuto! a'juto

Hilfe!

Chiamate qualcuno che ci può aiutare! kja'mate kual'kuno ke tschi puo aju'tare

Holt jemanden, der
uns helfen kann!

Chiama qualcuno che ci può aiutare! 'kjama kual'kuno ke tschi puo aju'tare

Hole jemanden, der uns
helfen kann!

E vai! e 'wai

Na los, geh schon!

Fate qualcosa! 'fate kual'kosa

So tut doch etwas!

Ci deve aiutare subito.
tschi dewe aju'tare 'ßubito

Sie müssen uns sofort
helfen.

Landestipp

Unter den kostenfreien Telefonnummern 112 und 113 erreichen Sie die italienische Polizei, die Ihnen bei jeder Art von Notfall helfen kann.

Unfall

Bestenfalls kommt man noch einmal mit dem Schrecken davon:

Tutto bene? tutto ˈbene	Alles in Ordnung?
Stai bene? ßtai ˈbene	Geht es dir gut?
Sta bene? ßta ˈbene	Geht es Ihnen gut?
Non ti sei rotto niente? ♂ non ti ßäi rotto ˈnjente	Hast du dir auch nichts gebrochen?
Non ti sei rotta niente? ♀ non ti ßäi rotta ˈnjente	Hast du dir auch nichts gebrochen?
Non ti fa male niente? non ti fa male ˈnjente	Dir tut auch wirklich nichts weh?
Non le fa male niente? non le fa male ˈnjente	Ihnen tut auch wirklich nichts weh?

Sprachtipp

Die Verbindung des Zeitworts *fare* (machen, tun) und dem Wort *male* (schlecht) wird wegen der schnelleren Aussprache zu *far male* und bedeutet „wehtun", „schmerzen".

Wenn doch einmal etwas passiert ist, taucht natürlich die Frage nach der Schuld auf:

Non ho fatto niente!
non o ˈfatto ˈnjente

Ich habe nichts getan!

Siete stati voi! ♂
ßjete ßtati ˈwoi

Ihr seid es gewesen!

Siete state voi! ♀
ßjete ßtate ˈwoi

Ihr seid es gewesen!

Non siamo stati noi! ♂
non ˈßjamo ßtati ˈnoi

Wir sind es nicht gewesen!

Non siamo state noi! ♀
non ˈßjamo ßtate ˈnoi

Wir sind es nicht gewesen!

Ho visto tutto. o ˈwißto ˈtutto

Ich habe alles gesehen.

Non mi ha visto?
non mi a ˈwißto

Haben Sie mich nicht gesehen?

Chiami ..., per piacere.
kjami ... per pjaˈtschere

Bitte rufen Sie ...

il socoorso stradale
il ßokˈkorßo ßtraˈdale

l'ambulanza
lambuˈlanza

la polizia
la poliˈzia

Verlust und Diebstahl

Ho perso il biglietto/…
o ᴵpärßo il biᴵljätto

Ich habe das Ticket/etc.
verloren.

l'anello
laᴵnällo

il portafoglio
il portaᴵfoljo

il passaporto
il paßßaᴵporto

l'orologio
loroᴵlodscho

Qualcuno ha rotto …
kualᴵkuno a rotto …

Jemand hat … kaputt
gemacht.

la macchina
la ᴵmakkina

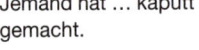

la roulotte
la ruᴵlott

il camper
il ᴵkamper

la tenda
la ᴵtenda

Hanno preso tutte le cose!
anno preso ᴵtutte le ᴵkose

Sie haben alle Sachen
mitgenommen!

Non c'è più niente.
non tschä pju ᴵnjente

Es ist nichts mehr da.

Arztbesuch

Cosa posso fare per voi?
kosa poßßo ˈfare per ˈwoi

Was kann ich für euch tun?

Non sto bene per niente.
non ßto ˈbene per ˈnjente

Mir geht es überhaupt
nicht gut.

Ho male qui … [deutend].
o male kuˈi

Hier tut es weh.

**C'è qualcosa che non va con
…** tschä kualˈkosa ke non ˈwa kon

Da stimmt etwas nicht mit
dem …

il cuore
il kuˈore

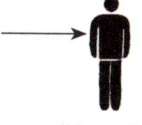

il braccio
il ˈbrattscho

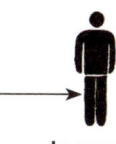

la gamba
la ˈgamba

Cosa posso fare? kosa poßßo
ˈfare

Was kann ich tun?

Landestipp

Erkundigen Sie sich vor Ihrer Abreise nach Italien bei Ihrer
Krankenversicherung, wie diese die Abrechnung bei Arzt-
besuchen oder Krankenhausaufenthalten in Italien hand-
habt. Haben Sie eine Pauschalreise gebucht, schließen Sie
am besten eine Auslandskrankenversicherung ab, die dann
im Ernstfall wirklich alle Kosten übernimmt.

In Bedrängnis

Wenn Sie jemand bedrängt, ausfallend wird oder sich mit Ihnen streiten möchte, können Sie sich so wehren:

Non ho tempo. non o 'tempo

Ich habe keine Zeit.

Non La voglio vicino!
non la 'woljo wi'tschino

Ich möchte Sie nicht in meiner Nähe haben!

Non capisce? non ka'pische

Kapieren Sie das nicht?

Non mi dare nomi!
non mi 'dare 'nomi

Beschimpf mich bloß nicht!

Ma cosa vuoi? ma kosa wu'oi

Was willst du überhaupt?

Ma cosa vuole? ma kosa wu'ole

Was wollen Sie eigentlich?

Falls Sie sich einmal verlaufen haben, können Sie sagen:

Scusi, mi sono perso. ♂
'ßkusi mi ßono 'pärßo

Entschuldigen Sie, ich habe mich verirrt.

Scusi, mi sono persa. ♀
'ßkusi mi ßono 'pärßa

Entschuldigen Sie, ich habe mich verirrt.

È di qui? ä di ku'i

Sind Sie von hier?

Non sei di qui? non 'ßäi di ku'i

Bist du nicht von hier?

Ci siamo persi. tschi ßjamo 'pärßi

Wir haben uns verlaufen.

Ci può aiutare? tschi pu'o aju'tare

Können Sie uns helfen?

Voglio andare a … [Ziel].
woljo an'dare a

Ich möchte nach …

Vogliamo andare a … [Ziel].
woljamo an'dare a

Wir möchten nach …

Dove sono? dowe 'ßono

Wo bin ich?

Missgeschicke

Falls Ihnen oder Ihrer Begleitung ein Missgeschick passiert sein sollte, können Sie sagen:

Ho rotto il letto/…
o ˈrotto il ˈlätto

Ich habe das Bett/etc. kaputtgemacht.

la TV
la tiˈwu

il bicchiere
il bikˈkjere

gli occhiali
lji okˈkjali

la videocamera
la wideoˈkamera

Mi scusi tanto. mi ßkusi ˈtanto

Entschuldigen Sie bitte vielmals.

Ci scusi tanto. tschi ßkusi ˈtanto

Entschuldigen Sie uns bitte vielmals.

Scusa. ˈßkusa

Entschuldige bitte.

Lo posso pagare?
lo ˈpoßßo paˈgare

Kann ich das bezahlen?

Scusa che non sono ancora pronta. ♀ ˈßkusa ke non ßono ankora ˈpronta

Tut mir leid, dass ich noch nicht fertig bin.

Scusa che non sono ancora pronto. ♂ ˈßkusa ke non ßono ankora ˈpronto

Tut mir leid, dass ich noch nicht fertig bin.

Scusate che non siamo ancora pronti. ßkuˈsate ke non ßjamo ankora ˈpronti

Entschuldigt, dass wir noch nicht fertig sind.

103

Wörterbuch

A

a a nach, zu; bis; um; an
abbiamo abˈbjamo
  wir haben
abbiamo bisogno
  di abˈbjamo biˈsonjo di
  wir brauchen, benötigen
l'abbigliamento ♂
  labbiljaˈmento Kleidung
l'acqua ♀ ˈlakua Wasser
aiuta aˈjuta er/sie/es hilft;
  Sie helfen
aiutare ajuˈtare helfen
aiutarsi ajuˈtarßi sich helfen
aiutarti ajuˈtarti dir helfen
aiutate ajuˈtate ihr helft
aiutato ajuˈtato geholfen
aiuti aˈjuti du hilfst
aiuto aˈjuto ich helfe
l'aiuto ♂ laˈjuto Hilfe
al all zum, am
l'albergo ♂ lalˈbärgo Hotel
all' all zum, zur; am, an der
alle ˈalle um (bei der Uhrzeit)
altro ˈaltro anderer; weiterer
l'ambulanza ♀
  lambuˈlanza Krankenwagen
ancora anˈkora noch
andarci anˈdartschi hingehen
andare anˈdare gehen
andate anˈdate ihr geht
andato anˈdato gegangen
andiamo anˈdjamo
  wir gehen
l'anello ♂ laˈnällo Ring

l'aperitivo ♂ laperiˈtiwo Ape-
  ritif
aperto aˈpärto offen,
  geöffnet
apre ˈapre er/sie/es öffnet;
  Sie öffnen
aprire aˈprire öffnen
aprirsi aˈprirßi sich öffnen
aprite aˈprite ihr öffnet
arrivederci arriweˈdertschi
  auf Wiedersehen
arrivederLa arriweˈderla
  auf Wiedersehen
l'asciugamano ♂
  laschugaˈmano Handtuch
Austria ˈaußtria Österreich
avere aˈwere haben
avete aˈwete ihr habt

B

il bagno il ˈbanjo Bad;
  Badewanne
il bar il bar Bar
bel(lo) ˈbäl(lo) schön
bellissimo belˈlißßimo
  wunderschön
bene ˈbene gut [Umstands-
  wort]
bere ˈbere trinken
Berlino berˈlino Berlin
bevo ˈbewo ich trinke
bevuto beˈwuto getrunken
bianco ˈbjanko weiß
il bicchiere il bikˈkjere Glas

il biglietto il bil'jätto Fahr-
karte; Eintrittskarte;
Ticket
la birra la 'birra Bier
bisogno: avere bisogno di
a'were bi'sonjo di brauchen,
benötigen
il braccio il 'brattscho Arm
la brioche la bri'osch
Croissant, Hörnchen
brutto 'brutto scheußlich
buon(o) bu'on(o) gut
buongiorno buon'dschorno
Guten Tag/Morgen
il bus il 'buß Bus

C

il caffè il kaf'fä Kaffee; Café
la camera la 'kamera
Zimmer
la camera doppia la 'kamera
'doppja Zweibettzimmer
la camera matrimoniale
la 'kamera matrimo'njale
Doppelzimmer
la camicia la
ka'mitscha Hemd
il campeggio
il kam'peddscho
Campingplatz
il camper il 'kamper
Wohnmobil
il cane il 'kane Hund
capire ka'pire verstehen
capirlo ka'pirlo ihn
verstehen
capirsi ka'pirßi sich
verstehen

capisce ka'pische er/sie/es
versteht; Sie verstehen
capisci ka'pischi du ver-
stehst
capisco ka'pißko ich verstehe
capito ka'pito verstanden
il cappello il ka'pällo Hut
il cappuccino il
kapu'tschino Cappuccino
la carne la 'karne Fleisch
la carne di vitello la 'karne di
wi'tällo Kalbfleisch
caro 'karo teuer; lieb
la carota la ka'rota Karotte
la carta geografica la 'karta
dscheo'grafika Landkarte
la carta stradale la 'karta
ßtra'dale Straßenkarte
il casco il 'kaßko Helm
il casinò il kasi'no Kasino
c'è tschä es gibt; da ist
la cena la 'tschena
Abendessen
che ke dass; was für ein/
eine/eines; wie; was, der/
die/das [rückbezüglich]; als
chiama 'kjama er/sie/es ruft;
Sie rufen
chiama: si chiama ßi 'kjama
er/sie/es heißt; Sie heißen
chiamare kja'mare (an)rufen
chiamarsi kja'marßi heißen
chiamate kja'mate ihr ruft
(an)
chiamate: vi chiamate wi
kja'mate ihr heißt
chiamato kja'mato
(an)gerufen

chiami ˈkjami du rufst (an); rufen Sie (an)!

chiami: ti chiami ti ˈkjami du heißt

chiamo: mi chiamo mi ˈkjamo ich heiße

la chiave la ˈkjawe Schlüssel

la chiesa la ˈkjesa Kirche

ci tschi uns; sich; dort, dort-hin

ciao ˈtschau hallo; tschüs

il cioccolato il tschokkoˈlato Schokolade

ci si vede tschi ßi ˈwede man sieht sich

ci sono tschi ˈßono es gibt; da sind; ich bin da

ci vuole tschi wuˈole man braucht/benötigt

la colazione la kolaˈzjone Frühstück

come ˈkome wie

con kon mit

il concerto il konˈtschärto Konzert

cosa ˈkosa was

la cosa la ˈkosa Sache; Ding

costa ˈkoßta er/sie/es kostet

costano ˈkoßtano sie kosten

costare koßˈtare kosten

il costume il koßˈtume Badeanzug; Badehose

la cotoletta la kotoˈlätta Schnitzel; Kotelett

la cravatta la kraˈwatta Krawatte

il cuore il kuˈore Herz

D

da da zu; von; seit; aus

dal dall zum; vom; seit dem; aus dem

dall' dall zum; vom; seit dem; aus dem; zur; von der; seit der; aus der [vor Selbstlauten]

dalla ˈdalla zur; von der; seit der; aus der

dalle ˈdalle zu den; von den; seit den; aus den

dare ˈdare geben

del däll vom; etwas

delle ˈdälle von den; ein paar

detto ˈdätto gesagt

di di von; aus; für; als

dice ˈditsche er/sie/es sagt; Sie sagen

dico ˈdiko ich sage

di mattina di matˈtina morgens

dire ˈdire sagen

la discoteca la dißkoˈteka Disko

di sera di ˈßera abends

la doccia la ˈdottscha Dusche

domani doˈmani morgen

dove ˈdowe wo; wohin

due ˈdue zwei

E

e e und

è ä er/sie/es ist; Sie sind

esserci ˈäßßertschi geben, da sein

essere ˈäßßere sein

F

fa fa er/sie/es macht;
Sie machen

facciamo fatˈtschamo wir
machen

faccio ˈfattscho ich mache

faccio: mi faccio capire mi
fattscho kaˈpire ich mache
mich verständlich

faccio vedere ˈfattscho
weˈdere ich zeige

fanno ˈfanno sie machen

fare ˈfare tun, machen

far male far ˈmale wehtun,
schmerzen

farsi capire ˈfarßi kaˈpire sich
verständlich machen

far vedere far weˈdere
zeigen

fate ˈfate ihr macht

fatto ˈfatto gemacht

il ferro da stiro il ˈfärro da
ˈßtiro Bügeleisen

Figurati! fiˈgurati Keine
Ursache! *(wenn Sie die
angesprochene Person
duzen)*

il film il film Film

il fiore il ˈfjore Blume

il fon il fon Föhn

Il formaggio il forˈmaddscho
Käse

il fruttivendolo
il fruttiˈwendolo Obsthänd-
ler

G

la gamba la ˈgamba Bein

il gatto il ˈgatto Katze

Germania dscherˈmanja
Deutschland

la giacca la ˈdschakka Jacke,
Sakko

il gioieliere il dschojeˈljere
Juwelier

il giornale il dschorˈnale
Zeitung

il giorno il ˈdschorno Tag

gli ♂ lji die

la gonna la ˈgonna Rock

grande ˈgrande groß

grazie ˈgrazie danke

la gruccia la ˈgruttscha
Kleiderbügel

H

ha a er/sie/es hat;
Sie haben

hai ˈai du hast

hanno ˈanno sie haben

ho o ich habe

ho bisogno di o biˈsonjo
di ich brauche, benötige

l'hotel ♂ loˈtäl Hotel

I

i ♂ i die

ieri ˈjeri gestern

il il der

in in in; auf; an

in più in ˈpju zusätzlich

l'insalata ♀ linßaˈlata
Salat

L

l' l der; die [vor Selbstlauten]
la la die; sie [Fürwort, Einzahl]
  La la Sie [Fürwort, Einzahl]
la lampadina la lampaˈdina Glühbirne
le ♀ le die [Mehrzahl]; ihr; ihnen; Ihnen [Fürwort, Einzahl]
il lettino il letˈtino Kinderbett
il letto il ˈlätto Bett
la limonata la limoˈnata Limonade
lo lo der; ihn, es [Fürwort]

M

ma ma aber; sondern
la macchina la ˈmakkina Auto
il macellaio il matschelˈlajo Metzger
male ˈmale schlecht [Umstandswort]
mangi ˈmandschi du isst
mangia ˈmandscha er/sie/es isst; Sie essen
mangiare manˈdschare essen
mangiato manˈdschato gegessen
mangio ˈmandscho ich esse
la mano la ˈmano Hand
il mare il ˈmare Meer
la marmellata la marmelˈlata Marmelade

(rechte Spalte)

la mattina la matˈtina Morgen; Vormittag
me mä mir/mich [betont]
meglio ˈmeljo besser
meno ˈmeno weniger, minus
il mercato il merˈkato Markt
il metrò il meˈtro U-Bahn
mezza ˈmäddsa halb
mi mi mir/mich
la minestra la miˈnäßtra Suppe
molto ˈmolto viel; sehr
la montagna la monˈtanja Gebirge; Berg
la moto la ˈmoto Motorrad
il museo il muˈseo Museum

N

nel näll im
nella ˈnälla in der
niente ˈnjente nichts
no no nein
noi ˈnoi wir; uns [betont]
il nome il ˈnome Name
non non nicht
non c'è di che non ˈtschä di ˈke Keine Ursache!
non … per niente non … per ˈnjente überhaupt nicht
la notte la ˈnotte Nacht

O

gli occhiali lji okˈkjali Brille
oggi ˈoddschi heute
l'oliva ♀ loˈliwa Olive
l'opera ♀ ˈlopera Oper
ora ˈora jetzt, nun

l'ora ♀ ˈlora Stunde; (Uhr-)Zeit

l'orologio ♂ loroˈlodscho Uhr

l'ottico ♂ ˈlottiko Optiker

P

pagare paˈgare (be)zahlen

pagato paˈgato bezahlt, gezahlt

il panificio il paniˈfitscho Bäckerei

il passaporto il paßßaˈporto Pass

la pasta la ˈpaßta Nudeln

il pasto il ˈpaßto Mahlzeit

la patata la paˈtata Kartoffel

le patatine le pataˈtine Pommes frites

la pellicola la pelˈlikola Film (*für die Kamera*)

la pensione la penˈßjone Pension

per per für; nach; um zu

perde ˈpärde er/sie/es verliert; Sie verlieren

perdere ˈpärdere verlieren

perdersi ˈpärderßi sich verlaufen, verirren

perdete pärˈdete ihr verliert

perdi ˈpärdi du verlierst

perdiamo pärˈdjamo wir verlieren

perdo ˈpärdo ich verliere

perdono ˈpärdono sie verlieren

per piacere per pjaˈtschere bitte

perso ˈpärßo verloren; verirrt

il pesce il ˈpesche Fisch

piace ˈpjatsche er/sie/es gefällt; Sie gefallen

piacere pjaˈtschere gefallen

il piacere il pjaˈtschere Gefallen

Piacere. pjaˈtschere Sehr erfreut.

piccolo ˈpikkolo klein

il piede il ˈpjede Fuß

la pioggia la ˈpjoddscha Regen

la piscina la piˈschina Schwimmbad, Pool

più pju mehr; mehrere

la pizza la ˈpitza Pizza

la polizia la poliˈzia Polizei

il portafoglio il portaˈfoljo Brieftasche

possiamo poßˈßjamo wir können

posso ˈpoßßo ich kann

potere poˈtere können; dürfen

potrebbe poˈträbbe er/sie/es könnte; Sie könnten

potrei poˈträi ich könnte

potuto poˈtuto gekonnt; gedurft

il pranzo il ˈprandso Mittagessen

prego ˈprego bitte

prende ˈprende er/sie/es nimmt; Sie nehmen

prendere ˈprendere nehmen

prendiamo prenˈdjamo wir nehmen

prendo ˈprendo ich nehme

preso ˈpreso genommen

Wörterbuch

il primo il ˈprimo erster Gang
(beim Essen)
pronto ˈpronto fertig, bereit
il pullover il pulˈlower
Pullover
può puˈo er/sie/es kann; Sie
können

Q

qualcosa kualˈkosa (irgend)
etwas
qualcuno kualˈkuno (irgend)
jemand
quale kuˈale welcher; welche
qual'è kuaˈlä welcher/
welche/welches ist
quali kuˈali welche
[Mehrzahl]
quando kuˈando wann;
wenn
quanto kuˈanto wie viel
il quarto il kuˈarto Viertel
quello kuˈello jener
questa ♀ kuˈeßta diese
queste ♀ kuˈeßte diese
[Mehrzahl]
questi ♂ kuˈeßti diese
[Mehrzahl]
questo kuˈeßto dieser
qui kuˈi hier

R

il radiatore il radjaˈtore
Heizkörper
la radio la ˈradjo Radio
il regalo il reˈgalo Geschenk
il riso il ˈriso Reis

il ristorante il rißtoˈrante
Restaurant
rompere ˈrompere brechen,
kaputtmachen
rompersi ˈromperßi sich
brechen, kaputtgehen
rosso ˈroßßo rot
rotto ˈrotto kaputt;
gebrochen
la roulotte la ruˈlott
Wohnwagen
il rubinetto il rubiˈnätto Was-
serhahn

S

il salame il ßaˈlame Salami
la saponetta la
ßapoˈnätta Handseife
la scarpa la ˈßkarpa Schuh
Scusa. ˈßkusa
Entschuldige.
Scusate. ßkuˈsate
Entschuldigt.
Scusi. ˈßkusi Entschuldigen
Sie./Es tut mir leid.
Scusi? ˈßkusi Wie bitte?
il secondo il ßeˈkondo
Hauptgang *(beim Essen)*
sei ˈßäi du bist
la sera la ˈßera Abend
il servizio il ßerˈwizio
Service
lo shampoo lo ˈschampo
Shampoo
si ßi sich; man
sì ßi ja
siamo ˈßjamo wir sind
Si figuri! ßi fiˈguri Ich bitte
Sie!/Keine Ursache!

la sigaretta la ßiga'rätta
  Zigarette

il soccorso stradale
  il ßok'korßo ßtra'dale
  Pannendienst

il sole il 'ßole Sonne

sono 'ßono ich bin; sie sind

la spiaggia la 'ßpjadd~~scha~~
  Strand

sta ßta er/sie/es steht/ist;
  Sie stehen/sind

lo stadio lo 'ßtadio Stadion

stai 'ßtai du stehst/bist

stare 'ßtare stehen; sein

stasera ßta'ßera heute
  Abend

state 'ßtate ihr steht/seid

stato 'ßtato gewesen

stiamo 'ßtjamo wir stehen/
  sind

sto ßto ich stehe/bin

subito 'ßubito sofort

suo 'ßuo sein; ihr; Ihr

il supermercato il
  ßuper'merkato Supermarkt

Svizzera 'switzera Schweiz

T

la taglia la 'talja Kleider-
  größe

Tante belle cose! tante bälle
  'kose Alles Gute!

tanto 'tanto so viel; so sehr

tardi 'tardi spät

te tä dir/dich [betont]

il tè il tä Tee

il teatro il te'atro Theater

il tempo il 'tempo Wetter;
  Zeit

la tenda la 'tenda Zelt

ti ti dir/dich

la toilette la toa'lätt Toilette

la torta la 'torta Kuchen,
  Torte

il tram il tram Straßenbahn

il treno il 'treno Zug

troppo 'troppo zu viel; zu

trova 'trowa er/sie/es findet;
  Sie finden

trova: si trova ßi 'trowa er/
  sie/es befindet sich

trovano 'trowano sie finden

trovare tro'ware finden

trovarsi tro'warßi
  sich befinden

trovate tro'wate ihr findet

trovi 'trowi du findest

troviamo tro'wjamo
  wir finden

trovo 'trowo ich finde

tua 'tua deine

tuo 'tuo dein

tutte ♀ 'tutte alle

tutto 'tutto alles; ganz

la TV la ti'wu Fernseher

U

l'ufficio ♂ **informazioni**
  turistiche luf'fitscho
  informa'zjoni tu'rißtike
  Touristeninformation,
  Fremdenverkehrsamt

un un ein

un' un ein/eine
  [vor Selbstlauten]

una 'una eine

l'una ♀ 'luna ein Uhr

V

va wa er/sie/es geht;
Sie gehen
vado ˈwado ich gehe
vai ˈwai du gehst
vanno ˈwanno sie gehen
vede ˈwede er/sie/es sieht;
Sie sehen
vederci weˈdertschi
uns sehen
vedere weˈdere sehen
vederla weˈderla
sie (zu) sehen [Einzahl]
vederLa weˈderla Sie (zu)
sehen [Einzahl]
vederlo weˈderlo ihn sehen
vedermi weˈdermi mich sehen
vedersi weˈderßi sich sehen
vederti weˈderti dich sehen
vedervi weˈderwi euch
sehen
vedi ˈwedi du siehst
vediamo weˈdjamo
wir sehen
il ventilatore il
wentilaˈtore Ventilator
il vestito il weßˈtito Kleid
vi wi euch
vicino wiˈtschino nah,
in der Nähe
la videocamera
la wideoˈkamera
Videokamera
il vino il ˈwino Wein
il vino bianco il wino
ˈbjanko Weißwein
il vino rosso il wino
ˈroßßo Rotwein

la vista la ˈwißta Aussicht
visto ˈwißto gesehen
il vitello il wiˈtällo Kalb
vogliamo wolˈjamo
wir wollen
voglio ˈwoljo ich will
voi ˈwoi ihr; euch [betont]
volere woˈlere wollen
volete woˈlete ihr wollt
vorrei worˈräi ich würde/
hätte gern
vorremmo worˈrämmo
wir würden/hätten gern
vorresti worˈräßti
du würdest/hättest gern
vostra ˈwoßtra eure
vostre ♀ ˈwoßtre
eure [Mehrzahl]
vostri ♂ ˈwoßtri eure
[Mehrzahl]
vostro ˈwoßtro euer
vuoi wuˈoi du willst
vuole wuˈole er/sie/es will;
Sie wollen